2023년 9월 25일 2판 5쇄 **펴냄**
2018년 11월 25일 2판 1쇄 **펴냄**
2008년 3월 30일 1판 1쇄 **펴냄**

펴낸곳 (주)효리원
펴낸이 윤종근
글쓴이 이붕 · **그린이** 김성영
등록 1990년 12월 20일 · **번호** 2-1108
우편 번호 03147
주소 서울시 종로구 삼일대로 457, 406호
전화 02)3675-5222 · **팩스** 02)765-5222

ⓒ 2008 · 2018, (주)효리원

잘못 만들어진 책은 구입하신 서점에서 바꾸어 드립니다.
ISBN 978-89-281-0601-1 74810

이메일 hyoreewon@hyoreewon.com
홈페이지 www.hyoreewon.com

3·4학년이 꼭 읽어야 할
교과서 과학 동화

이봉 글 | 김성영 그림

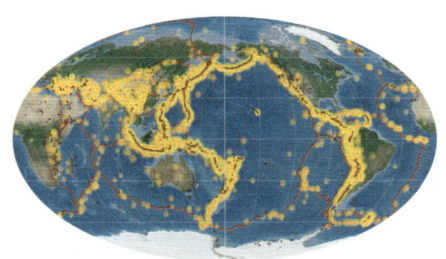

효리원
hyoreewon.com

우리가 사는 지구 속을
아는 것은 멋지고 중요한 일!

여러분은 선생님이나 부모님께 "낼모레면 고학년이 될 녀석이……."라는 언짢은 말을 들어 보았을 거예요.

어른들이 여러분 마음을 몰라주니 속상하겠지만, 좀 더 성숙하길 바라기에 그러신다는 것도 잘 알고 있겠지요?

이야기의 주인공 상호도 고민이 많았답니다. 공부를 별로 열심히 하지 않는데, 하필이면 여동생이 우등생이라 주눅이 들어 있었거든요.

그런데 어느 날, 지구본 하나를 얻으면서 지구의 지진과 암석에 흥미를 갖게 되었어요. 그러자 어렵던 과학 공부가 실생활과 연결되면서 쉽고 재미있어졌어요. 인터넷 검색으로 공부를 하다 보니 컴퓨터 앞에만 앉으면 게임이나 한다고 꾸지람 듣던 일도 없어졌지요.

'딱딱한 돌은 물을 빨아들이지 못하지만, 많은 생각의 틈을 가진 스펀지는 한없이 빨아들일 수 있다. 이처럼 우리 생각을 돌멩이가 아닌 스펀지로 만들어야 한다.'는 말의 뜻을 이해하고 행동하자 생각도 깊어졌어요.

어떤 약이나 오락만 중독성이 있는 게 아니에요. 공부도 중독성이 있어요. 공부를 하다 보면 궁금한 게 생기고, 궁금한 걸 알아내고 나면 더 연구하고 싶어져 또 공부를 하게 되거든요.

공부에 중독된다는 거, 생각만 해도 신나는 일 아니겠어요? 늘 꾸중듣고 자신감 없던 상호가 지진과 암석에 관심을 가지고 스스로 찾아 공부하면서 가족의 일원으로 거듭나고, 장래 희망에 부풀게 된 이야기를 지금부터 따라가 보세요.

그러면 여러분도 우리가 사는 지구 속을 안다는 게 참으로 중요하고 멋진 일이라는 걸 알게 될 거예요. 그리고 꿈으로 가득한 3, 4학년을 보낼 수 있을 거예요.

글쓴이 이 룡

차례

지구, 내 관심을 끌다 8

진원과 진앙을 찾아라 25

크기와 세기는 다른 말 42

역단층 짝꿍 57

판 구조론으로 받은 칭찬 77

지진은 예방할 수 없나? 87

돌 속의 보석 103

돌고 도는 돌 123

지구의 역사, 화석 145

우리 집 평화 유지군 167

지구, 내 관심을 끌다

　　공부 못하는 사람이 다 그렇듯 나는 책상 앞에 앉으면 헛 시간을 많이 보냅니다. 엄마 말씀에 따르면 숙제하려고 준비하는 데 40분이 걸려, 정작 시작하기도 전에 지쳐서 겨우 20분 공부하면 40분을 쉬어야 하는 애입니다. 숙제 아닌 공부를 하라는 성화에 책상 앞에 앉으면 그 20분도 온갖 잡념으로 보내고 말지요.
　　대신 내가 잘하는 게 딱 한 가지 있습니다. 혼자 상상하며 중얼거리는 것입니다. 그것이 공부 못하고 헛 시간 보내는 데만 선수인 애들의 공통점이라고 엄마는 핀잔을 하십니다.

그날도 나는 공부하라는 꾸지람에 책상 앞에 앉아 한숨만 푹 쉬었습니다.

'놀려고 숙제를 부지런히 했는데 공부를 또 하라고 하면 어떻게 해. 그럴 줄 알았으면 숙제를 천천히 할걸.'

운동을 핑계로 놀고 싶지만 밖에 나가 봐야 놀 친구들도 없습니다.

나는 이 무렵 새로운 버릇이 한 가지 생겼습니다. 책상 앞에 앉아 공부는 하기 싫고 짜증스러우면 지구본을 마구마구 돌리는 버릇입니다.

이 지구본은 며칠 전 경비 할아버지께서 주신 것입니다. 학원을 가기 위해 아파트를 나서는데 경비 할아버지께서 부르시더니 주셨지요. 이사 가는 집에서 버린 건데 말짱하다면서요. 남이 쓰다 버린 거라 달갑지 않았지만 거절을 하기도 뭐해서 받아 왔습니다.

지구본을 받은 날부터 지구본을 돌리는 버릇이 생겼습니다. 집게손가락으로 돌리는 것이 성에 차지 않으면

네 손가락을 다 사용하여 마구 돌렸습니다.

빠르게 도는 지구본이 물렁물렁한 찰흙 덩어리로 보이기도 하고, 세계 지도가 하나로 뭉쳐 사람 얼굴처럼 보이기도 했습니다. 나는 힘껏 돌리며 중얼거렸습니다.

"에이, 답답해. 나를 알아주는 사람은 아무도 없어."

팔이 아플 때까지 돌리다 그만 두었습니다.

그러자 지구본이 스르르 멈추며 말했습니다.

"그러는 너는 어떤 사람이나 다른 것에 대하여 알아주고 이해해 주니?"

당연히 지구본이 말을 걸어오는 것은 아니었지요. 헛생각에 빠지기 좋아하는 내가 맘대로 만들어 뱉는 1인 2역 대화입니다. 내 역할을 맡은 내가 대답을 못하고 머뭇거리자 지구본 역을 맡은 내가 다시 말했습니다.

"나는 하루에 한 바퀴만 돌아야 해. 그런데 이렇게 순식간에 수십 바퀴 돌게 하여 못살게 하는 것도 나를 너무 몰라주는 일 아니니?"

"모르긴 뭘 몰라. 그래도 내가 지구는 좀 안다."

이렇게 큰소리 친 나는 중얼중얼 말하기 시작했습니다.

"지구는 70퍼센트가 바다이고 육지는 여섯 개의 대륙으로 이루어져 있잖아. 더 있어. 지구는 적도 부분이 볼록하며 지축을 중심으로 23.5도 기울어졌지. 지구는 수성, 금성, 화성처럼 바위로 된 별이야. 목성, 토성, 천왕성, 해왕성은 기체로 이루어져 있지만."

그러자 기다렸다는 듯이 지구본이 대꾸했습니다.

"그건 겉으로 보이는 지구일 뿐이야. 모든 것은 겉으로 보이는 게 다가 아니야. 속까지 알아야 다 안다고 할 수 있지."

"보이지도 않는 지구 속을 어떻게 알지?"

중얼거리던 나는 얼른 입을 다물었습니다. 지금 배우고 있는 단원이 「화산과 지진」인데 그런 말이 나오다니 자신이 한심했습니다.

생각해 보니 여태 나는 교과서에 나오는 단원을 배울 때 열심히 해 본 적이 없었습니다. 늘 건성건성 마지못해 진도를 따라갔던 것입니다.

나는 머리를 긁적이다가 대답했습니다.

"나도 지구 속을 아는 거 있어. 외삼촌네 집 지하실도 들어가 보았고, 맞다! 동굴 탐험도 갔었단 말이야."

"으으흐······."

느닷없이 지구본이 웃음을 터뜨렸습니다.

"그건 커다란 수박 껍질에 바늘 끝을 찔러 본 것만큼도 안 되는 거야."

"······."

대답할 말을 잃은 나는 얼른 과학책을 펴보고 참고서도 꺼냈습니다. 처음으로 뭔가를 알아보려고 스스로 한 행동이었습니다.

"좋아, 지구 네 속을 한 번 알아보겠어!"

생각해 보니 내가 살고 있는 지구의 속을 그동안 너무 모르고 있었습니다.

책에는 지구를 복숭아에 빗대어 4분의 1 쪼개듯 잘라 놓은 그림이 있었습니다. 나는 진짜 지구 속을 살피듯 들여다보았습니다.

"그러니까 지각은 과일 껍질에 해당하네. 과일의 살 부분이 지구에서는 맨틀이 되고, 씨 부분은 핵이라고 하는구나!"

나는 오랜만에 아는 것이 생긴 기쁨에 큰 소리로 외쳤습니다. 그러자 더 자세한 걸 알아보고 싶어졌습니다. 그래서 나는 거실로 나와 컴퓨터를 켰습니다.

누나라도 되는 것처럼 늘 간섭하는 2학년 동생 상미가 어느새 뛰어나와 물었습니다.

"벌써 공부 다 했어? 컴퓨터 켜게."

나는 모처럼 동생에게 큰소리쳤습니다.

"컴퓨터로 공부할 거니까 저리 비켜. 어디까지를 지각이라고 하는지 알아볼 거야."

내 말에 상미가 어이없다는 표정을 짓더니 한 소리했습니다.

"지각이 어디까지인가를 모른다고?"

나는 검색할 낱말을 쓰는 곳에 '지각'이라 써넣으며 되물었습니다.

지구 속의 구조

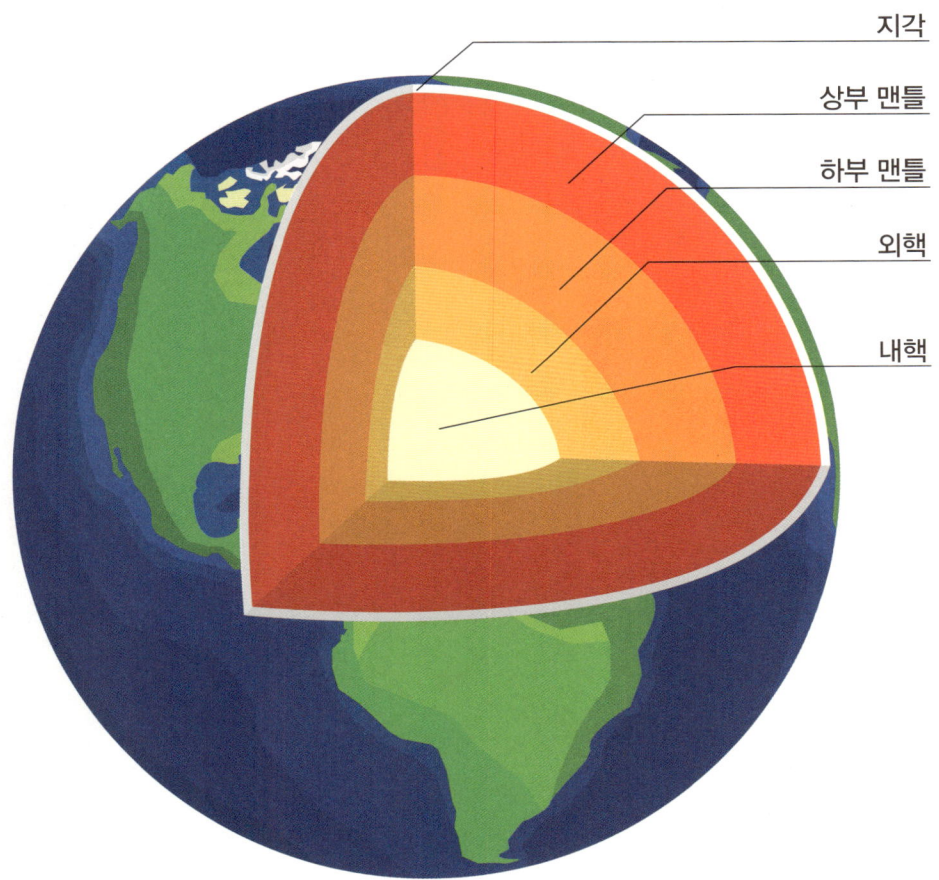

지각
상부 맨틀
하부 맨틀
외핵
내핵

지각 : 지구의 표면으로 우리가 생활하는 곳을 말한다. 암석권이라고도 하며 약 200킬로미터 깊이까지를 말한다.

맨틀 : 지각 아래 2,900킬로미터까지를 말하며 단단하기도 하고 물렁거리기도 한다.

핵 : 지구의 중심. 뜨거운 액체로 되어 있다. 외핵과 내핵으로 나뉜다. 외핵은 5,100킬로미터까지로 4천 도가 넘는다. 내핵은 5,100~6,370킬로미터로 5천 도가 넘고 압력이 워낙 커서 고체 상태이다.

"넌 알고 있어? 대답해 봐."

상미가 대들듯이 물었습니다.

"정말로 그걸 몰라 컴퓨터로 검색한다고?"

나는 순간 기가 팍 죽었습니다.

'상미 네가 아무리 우등생이라지만 4학년에서 배우는

것까지 안단 말이야?'

상미가 의기양양한 목소리로 대답했습니다.

"선생님이 들어오셔서 출석 부르기 전까지 도착 못하면 지각이지, 그걸 모른다는 게 말이 돼? 공부하기 싫으니까 컴퓨터 차지하는 방법도 가지가지네."

"으하하하……."

나는 너무 우스워서 배를 잡고 상체를 흔들며 웃었습니다. 늘 공부를 잘한다고 잘난 체하는 동생을 한 방 먹일 수 있다니 기쁨을 감출 수 없었습니다. 역시 학년은 못 속인다는 새로운 사실을 떠올리며 나는 맘껏 웃었습니다.

그러는 사이 컴퓨터에 검색한 '지각'의 뜻이 보였습니다. 상미가 어리둥절해 하는 사이 나는 검색된 내용을 눈으로 훑어보고서 말했습니다.

"지각이란 지구의 표면으로 우리가 생활하는 곳을 말해. 암석권이라고도 하며 약 200킬로미터 깊이까지를 말하는 거야, 잘난 체 공주야! 다시 말하면 지각이란 지구의 표면을 둘러싸고 있는 부분으로, 토양과 암석으로 이루어져 있어. 가만히 있었으면 잘난 줄 알았을 텐데. 뭐? 출석을 부르기 전까지 도착 못하는 게 우리가 살고 있는 지각이라고? 으하하…….”

비꼬는 내 말에 그냥 있을 상미가 아니었습니다.

“우리말에는 글자는 같지만 뜻은 여러 가지 있다는 것도 모르냐? 내가 말한 지각도 지각이야. 지구의 지각이라고 말하지 않았으니 그렇게 대답했지.”

“그럼, 너는 내가 '어디에 늦는' 지각의 뜻을 몰라 검색한다고 생각했어? 사람을 어떻게 보고!”

“…….”

'야호!'

어쨌든 잘난 체 공주 상미에게 오랜만에 큰소리를 친 것이 나는 기쁘기만 했습니다.

동생이 못마땅한 표정을 지으며 자기 방으로 휙 들어가 버렸습니다.

'그동안 노력을 하지 않아서 그렇지 나도 잘할 수 있어. 오빠를 바보 취급 하기만 해 봐.'

나는 흥얼거리며 계속 인터넷 검색을 했습니다. 그리고 중요하다고 생각되는 내용을 정리했습니다.

나는 시간 가는 줄 모르고 계속 컴퓨터를 했습니다.

"상호 너, 공부하랬더니 또……."

주방에서 나오시던 엄마가 큰 소리로 나무라다 멈췄습니다.

"공부하고 있어요. 하고 있다고요."

정말 모처럼 주눅 들지 않고, 기어 들어가는 소리가 아닌 떳떳한 목소리로 대답했습니다.

엄마가 다가와 모니터를 들여다보셨습니다.

"우리 상호가 컴퓨터에서 자료 찾아가며 공부할 때도 다 있구나. 그래, 교과서는 기본이고 폭 넓은 공부를 해야 하는 거야."

엄마가 내 등을 토닥이며 상미를 부르셨습니다.

"상미야, 슈퍼 좀 갔다 와라!"

그러자 상미가 나오지도 않고 소리쳤습니다.

"나 지금 공부하니까 오빠 보내세요."

그러자 엄마가 더 큰 소리로 말씀하셨습니다.

"오빠 지금 공부하니까 니가 갔다 와."

다른 때였다면 상미에게 시키라는 내 투정에 대뜸 이렇게 화내실 터였습니다.

'공부하는 사람한테 심부름 시키겠니, 노는 네 녀석이 갔다 와!'라고요.

뾰로통한 얼굴로 심부름 가는 상미를 힐끔 쳐다보며 나는 생각했습니다.

'공부 좀 하면 이렇게 대우가 달라지는구나. 여태껏 동생한테까지 구박 받으며 심부름이나 하다니, 내가 바보였어. 내 실력 내가 쌓으면서 대접받는 일을 왜 하기 싫어했을까?'

나는 열심히 인터넷 검색을 하며 내용을 읽었습니다. 지금 배우고 있는 지진에 대하여 알아보니 이해가 쉽게 되어 더 재미있었습니다.

"우리 상호 공부하는 걸 보니 꽉 막힌 엄마 속이 뻥 뚫리는 것 같구나."

2017년 11월 15일, 포항 지진 피해 현장. 지진으로 금이 간 건물에 쇠기둥을 받쳐 놓은 모습

엄마의 칭찬을 들으니 눈으로만 읽기가 미안스러웠습니다. 그래서 중요한 내용을 복사해서 내 블로그에 옮겨 놓았습니다.

● 지진이란?
    땅속의 거대한 암석이 갑자기 부서지면서 그 충격으로 땅이 흔들리는 것을 말한다. 지구 내부 어딘가에서 급격한 지각 변동이 생겨 그 충격으로 생긴 파동, 즉 지진파가 지표면까지 전해져 지반을 진동시키는 것이다. 마치

종을 쳤을 때 사방으로 울려 퍼지는 음파와 같은 성질을 갖고 있다. 즉 지구 안에 있는 에너지가 지표로 나와 땅이 갈라지며 흔들리는 현상이다. 쾅 소리와 함께 땅이 흔들리고, 바닷물도 땅의 흔들림과 함께 흔들린다.

지금까지 우리나라의 가장 큰 지진은 2016년 9월 12일 경상북도 경주시 남남서쪽 8킬로미터에서 발생했다.

● 지진이 일어나는 원리

지진이 일어나는 원리는 탄성 반발이다. 소시지의 양 끝을 잡고 살짝 구부리면, 탄력을 갖고 있어서 잘 휘어진다. 그러나 계속 구부리면 결국 부러지고 휘어졌던 부분은 처음처럼 꼿꼿한 상태로 돌아간다. 지층도 힘을 받으면 휘어지며 모습이 바뀐다. 그러다 버틸 수 없을 만큼의 힘이 모이면 지층이 끊어져 단층이 되고, 원래의 모습으로 돌아가려는 반발력에 의해 지진이 발생한다.

지구의 겉은 변함이 없어 보이지만 늘 꿈틀거리고 있다는 걸 알았습니다. 그렇게 꿈틀거리는 힘이 어느 순간 한 곳으로 뭉쳐 난리를 치는 게 지진이었습니다.

드라마 속의 한 장면도 떠올랐습니다. 너무 복잡한 일이 생겨 정리가 안 되고 화가 부글부글 끓어오르자 주인공이 머리를 감싸 쥐며 하던 말이었습니다.

"으윽, 머리가 지진날 것만 같아!"

누군가 계속 압력을 가하면 열을 받게 되고, 그 열이

2016년 4월 에콰도르. 지진으로 처참하게 무너진 건물 모습

밖으로 나오려고 하는 것이 바로 화나는 모습이다. 그래서 지진이 날 것만 같다는 표현은 틀린 게 아니라는 걸 알 수 있었습니다.

나는 기분 좋게 지구본을 돌리며 약속했습니다.

'지구야, 네 속을 속속들이 알아갈게.'

경비 할아버지께서 주실 때는 마지못해 받아왔지만,

지구본은 내게 새로운 꿈을 주었습니다. 시간만 나면 뱅뱅 돌리는 버릇이 이제 나쁘지 않았습니다. 짜증스러워서 돌리는 게 아니라 크고 넓고 깊은 생각을 하게 만들었으니까요.

의외의 기회로 지구와 친해진 나는 집에서의 대접이 달라졌을 뿐 아니라 공부에 대한 자신감이 붙었습니다.

진원과 진앙을 찾아라

아침부터 선생님 기분이 몹시 나빠 보였습니다. 그러니 교실 분위기가 다른 날보다 조용할 수밖에 없었습니다. 4년째 학교에 다니는 우리들은 선생님 기분에 맞게 행동하는 능력이 길러져 있습니다. 선생님 기분이 나쁘면 어디로 불똥이 튈지 모르니까요.

선생님은 아무렇지 않은 척 책상에 앉아 계시지만 평소와 다르다는 걸 우린 감지했습니다. 아침 자습으로 칠판에 적혀 있는 한자의 개수만 보아도 알 수 있습니다. 써야 할 한자 개수가 다른 날보다 세 배는 많았습니다.

모두 공책을 펴서 정성스럽게 쓰고 있었습니다.

반 아이들의 아침 자습 공책에 써진 글씨를 보면 어느 날은 선생님 기분이 좋고 어떤 날은 나빴는지 알 수 있을 정도입니다. 선생님 기분이 좋은 날은 후다닥 아무렇게나 흘려 써놓고 떠들지만 반대인 날은 또박또박 정성들여 쓰니까요.

앞문을 드르륵 열고 들어오던 동성이가 벌써 교실 분위기를 알아챘다는 듯 멈칫했습니다. 동성이는 맨 앞자리에 앉은 정오를 향해 오른쪽 집게손가락을 머리 옆에 붙여 보였습니다. 선생님이 뿔났느냐는 뜻입니다. 어느 틈에 보셨는지 선생님이 말씀하셨습니다.

"뒷문으로 조용히 들어와야지, 그렇게 벌컥 문을 열면 어떡하니. 그리고 버릇없이 그게 무슨 짓이냐? 선생님이 도깨비라도 된단 말이야?"

선생님은 화나지 않은 척 목소리를 낮춰 말씀하셨지만 그점이 바로 화났다는 증거였습니다. 틀림없이 선생님 속에서 뭔가 꿈틀거리고 있다는 걸 느낄 수 있었습니다. 다른 날도 앞문으로 들어오는 아이들이 많지만 별다른 꾸중을 하지 않으셨거든요.

나는 떠오르는 생각을 정리해 보았습니다.

'저건 지진의 징후야. 본진이 일어나기 전에 전진이 일어날 수도 있어. 그런 다음엔 몇 차례의 여진이 있을 수도 있지.'

선생님이 폭발하면 우린 종일 움츠려야 합니다. 지진 후 이어지는 여진은 약하긴 해도 이미 지반이 약해져 있고, 한 번 무너진 곳이 또 무너질 수도 있으므로 그 피해가 큰 것과 같습니다. 지진을 미리 안다면 피해를 최소로 줄일 수 있듯, 선생님으로부터 터져 나올 지진을 예견한다는 것도 중요합니다.

나는 짝 은지에게 말을 걸었습니다.

"아무래도 오늘은 지진이 일어날 것 같지 않냐?"

"?"

은지가 어리둥절한 표정으로 나를 보았습니다.

생각해 보니 좀 어색했습니다. 사실은 어디서 그런 용

기가 나왔는지 나도 모르게 말을 꺼냈던 것입니다.

키 순서로 앉아 짝이 되긴 했지만 은지와 난 친할 이유가 하나도 없었습니다. 은지는 공부벌레이고, 나는 공부벌레는커녕 번데기도 아니었으니까요.

그동안 내게 공부 알레르기가 있었으니 은지와 말이 통하는 사이가 될 수 없었습니다. 어찌 보면 '공부 잘하는 여자애' 때문에 피해를 보는 것은 동생 상미 하나로 그치길 바랐기에 내 쪽에서 은지와 가까이 하려 들지 않은 것이기도 합니다. 그렇다고 내가 잘생겨 인기가 있는 것도 아니었으니 그동안 참으로 덤덤한 짝이었습니다.

은지 역시 내게 조금도 관심을 기울이지 않았습니다. 공부도 못하는 주제에 못살게 구는, 그런 짝이 아니라는 것만도 다행으로 여기는 눈치였습니다.

나는 어색한 분위기를 모른 체하며 내친김에 말했습니다.

"진앙이 어디가 될지 모르지만 선생님 기분으로 봐서지진 피해를 당할 사람이 나오겠는걸."

지진

진앙–진원에서 수직으로 연결된 지표면. 진앙은 진원에서 가장 가까운 지표이기 때문에 가장 큰 피해를 입는다.

두 판의 마찰로 생긴 단층선

진원

지진파

"지진, 진앙?"

은지가 소리를 낮춰 물었습니다. 나는 반가움에 그만 조금 큰 소리로 말했습니다.

"선생님은 지구이고, 우린 지각 위에 살고 있는 거잖아. 지구 속이 압력을 받아 쩍 갈라지려고 하듯이 선생님 속도 지금 갈라지려고 하는 것 같아. 속이 끓어지고 갈라지면 지진이 일어나는데, 지반이 약한 곳이 진앙이 되잖아."

그때서야 은지는 내 말뜻을 알아들었다는 표정으로 입 꼬리를 살짝 올리며 말했습니다.

"맞는 말이다. 숙제를 안 해 왔거나 떠들다 들키면 그 사람이 바로 지반이 약해 터지는 곳, 진앙이 되겠다."

말을 하던 은지가 내 눈치를 살피며 물었습니다.

"그런데 상호 네가 어쩐 일로 공부에 관계되는 말을 다 하니? 넌 꼭 지진 박사 같다?"

나는 멋쩍게 웃으며 말을 이었습니다.

"지진이 일어나려면 그 징후가 일어난다잖아. 그래

서 작은 동물이나 바다에 사는 물고기들은 미리 알고 대피한대. 선생님 기분이 별로 안 좋고, 눈에 힘을 빡 주고 계시는 것은 지진의 징후야. 암튼 오늘 지진이 일어날 테니 조심해야겠어."

우리 둘이 하는 말을 뒷부분만 들었는지 갑자기 뒷자리의 영주가 물었습니다.

"우리나라에 지진 일어난대? 뉴스 나왔어?"

내가 돌아보니 영주는 연거푸 물었습니다.

"어디래? 동해안 쪽이지?"

무슨 말을 어떻게 해야 할지 몰라 망설일 때였습니다.

"박상호!"

아뿔싸! 선생님이 내 이름을 부르셨습니다. 선생님이란 이름의 지진이 일어날 조짐이 보였는데 하필 진앙이 내가 될 줄이야. 나는 등에 진땀이 났습니다.

"앞에 나와 앉고 싶니?"

'앞에 나와 앉는 거'란, 투명 의자에 앉는 벌을 뜻합니다. 의자에 앉은 자세로 서야 하는 벌은 얼마나 힘든지 받아보지 않은 사람은 모를 것입니다.

　나는 간절히 빌었습니다.

'제발, 미진으로 그쳐라!'

"아침부터 떠들면 어떻게 되는 줄 알지? 대답해 봐."

　내가 화끈거리는 얼굴만 만지며 고개를 숙이고 있을 때 은지가 일어섰습니다.

　"선생님, 상호가 떠든 게 아니라 제가 공부 관련해서 상호에게 질문을 하고 있었습니다."

　은지가 내 편을 들다니 이건 지진이 일어난 것보다 더 놀랄 일이었습니다.

　선생님도 의외라는 듯 조금 누그러진 목소리로 말씀하셨습니다. 은지가 좀처럼 남의 일에 나서는 애가 아니라는 걸 선생님도 알고 계셨으니까요.

　"상호에게 한 질문이 무엇인지 나도 좀 들어보자."

　"지진에 대해서 궁금한 것이 있어서 물었습니다."

　"상호에게 지진에 대하여 질문했다고?"

　반 아이들 모두 선생님만큼 의아한 눈으로 은지와 나

를 바라보았습니다. 공부를 잘하는 은지가 공부 못하는 내게 물었다는 게 이해되지 않았을 것입니다.

"그래서 무슨 대답을 들었지?"

"지구 속이 열이나 압력을 받으면 갈라져 지반이 약한 곳으로 터져 나오는데 그곳을 지진의 진앙이라 한다고 했습니다."

"……."

선생님께서 긴가민가하는 표정으로 나를 보시는 사이 은지가 또 말했습니다.

"선생님, 상호가 지진 박사 같아요. 선생님 기분이 오늘 나빠서 지진이 터지려는 지구 같대요. 그렇지, 영주야?"

은지를 좋아하는 영주가 대답을 하지 않을 리 없었습니다.

"맞아요. 그래서 제가 상호에게 오늘 지진이 일어나느냐고 물어서 그 대답을 하려고 돌아본 거예요."

할 말이 없어진 선생님께서 얼버무리셨습니다.

"그럼, 떠들고 있는 거기 모둠이 지진대니? 너희 일대가 환태평양 조산대라도 된다는 말이구나."

이렇게 되어 큰 걱정이었던 지진은 일단 터지지 않았습니다.

'휴, 내가 진앙이 되는 줄 알고 얼마나 놀랐는지…….'

나는 큰 산이라도 넘은 듯했습니다.

선생님께서 아직도 풀어지지 않은 굳은 표정으로 교무실로 가신 뒤 은지가 내게 물었습니다.

"상호야, 진앙은 지진이 일어난 곳의 바로 위 지표면 지점이잖아?"

"응. 그러니까 지진이 일어난 중앙의 지명이야."

"그럼, 어느 도시와 도시의 중간쯤에서 지진이 일어나면 어디라고 하는 거야?"

"진앙은 그곳의 위도, 경도와 진원 깊이로 나타낸대."

이번에는 은지와 내 이야기를 듣고 있던 영주의 짝 지수가 물었습니다.

"아까 선생님께서 왜 우리가 앉은 이 자리를 환태평양

조산대라고 하신 거야?"

그것은 잘 알고 있는 은지가 대답했습니다.

"지구에서 지형이 변하고 습곡이나 단층이 일어나 지진이 가장 자주 일어나는 곳이 태평양 둘레에 있는 나라들이야. 그 부분을 그렇게 불러."

나도 이미 알고 있는 내용이라 더 쉽게 설명했습니다.

"환이란 '동그란 고리 모양'이라는 뜻이야. 태평양을 중심으로 고리처럼 빙 둘러 있는 곳들이 지진을 자주 당하잖아."

그러고 보니 한자 공부를 열심히 하여 말의 뜻을 잘 아는 보람이 있었습니다.

이제 지수까지 끼어들어 우리는 지진에 대한 이야기를 나누느라 자리에서 일어나지 않고 있었습니다.

선생님이 안 계셨으므로 몇 아이들은 칠판 앞까지 나가 장난을 쳤습니다. 그러느라 칠판 지우개를 던졌는데 들어오시던 선생님이 그만 딱 보시고 말았습니다.

"이런, 장난친 녀석들 모두 나와!"

세 명의 남자아이들이 앞으로 나갔습니다.

"오늘 1학년 교실 청소는 너희 셋이서 한다."

"어제도 했는데 또 하라고요?"

순간 선생님께서 버럭 화를 내셨습니다. 드디어 지진이 일어난 것입니다.

"말 한번 잘했다. 선생님이 화를 안 내려고 참고 참았는데, 1학년 교실 가서 장난치고 떠들어? 하필이면 그걸 교장 선생님께 들켜? 어제 교무 회의에서 교장 선생님께서 꾸중 하시는데 내가 얼마나 창피했는 줄 알아? 너희들 일주일 내내 벌 청소야. 얌전히 잘했다는 말 안 들리면 계속 시킬 거야."

1학년 교실 청소는 담임 선생님께서 수업 시간에 떠들고 말썽을 부린 우리 반 전체에 내린 벌입니다. 우리 반이 2반이므로 1학년 2반 교실 청소를 하도록요.

은지가 내 귀에 대고 가만히 말했습니다.

"드디어 선생님 지진이 터졌고, 진원은 쟤네들이야."

나는 말로 하지 않고 종이에 써서 보여 주었습니다.

**우리 선생님 지진의 진원은 교장 선생님이고,
쟤들은 진앙이야.**

쉬는 시간에 은지가 말했습니다.
"진원과 진앙이 난 잘 구분 안 되더라."
"나도 처음엔 그랬어. 그래서 자세히 찾아보았는데, 지진이 처음 일어난 지구 속이 진원이고, 그 진원과 지구 표면을 이은 곳, 그러니까 지명이 진앙이더라."
"그렇게 설명하니까 더 쉽다."
은지의 칭찬을 들으며 나는 다시 한 번 설명했습니다.
"사건이나 소동을 일으키는 원인을 말할 때, '진원을 밝히다.'라는 말이 있듯이 진원이란 지하에서 일어나는 지진의 시작점이라는 뜻이야. 그 시작점이 지구 속에 있으니까 표면과 이은 겉을 진앙이라 하는 거고."
내 대답을 들은 은지가 은지답지 않게 호들갑을 떨며 말했습니다.
"맞다, 선생님이 우리에게 화를 내신 이유의 시작은

교장 선생님의 화였어. 교장 선생님께서 압력을 주시니까 참고 있다가 터진 거야."

다행히 선생님의 지진은 그 일로 그쳤습니다.

나의 학교생활은 갑자기 즐거워졌습니다. 우등생 은지와 친해지고 나니 더 즐거웠습니다. 기분이 좋으면 시간도 잘 가는 법입니다. 학교생활에서 무엇보다 중요한 것은 짝이란 걸 새삼 깨달았다고나 할까요.

학교에서 돌아와 학원까지 다녀왔는데도 피곤한 줄 몰랐습니다.

숙제까지 끝내고 주방으로 가니 반찬을 만들려고 꺼내놓은 굵고 기다란 소시지가 있었습니다. 나는 소시지를 양손으로 잡고 구부렸습니다. 손을 놓으니 원래대로 되돌아왔습니다. 그 순간 손에 떨림이 왔습니다. 물론 감지하지 못하고 지나칠 만큼 작은 떨림이었습니다.

'힘을 받아 변형된 것이 원래대로 돌아가는 이 힘이 탄성이구나!'

같은 행동을 몇 번 되풀이하면서 나는 새삼스럽게 탄

성이 나왔습니다.

학교에서 이미 스티로폼으로 실험을 했는데 그때는 건성이었습니다. 은지가 스티로폼을 구부렸다 폈다 하면서 실험하는 걸 지켜보기만 했습니다. 은지는 우리 모둠 모두에게 한 번씩 해 보도록 했지만, 나한테는 관심이 없었습니다. 내가 공부에 관심이 없다는 것을 아니까

그냥 내버려 두었던 것이지요.

내가 은지의 관심을 받는 길은 열심히 공부하는 것이었는데, 그렇게 쉬운 걸 여태 몰랐던 것입니다.

지금부터라도 늦지 않았다고 생각하며 이번에는 더 많은 힘을 주어 구부렸습니다.

'지층도 오랫동안 이렇게 힘을 받으면 휘어지겠지. 그런 땅을 습곡이라 한댔어.'

마음에서 우러나 알려고 하니 이해가 쉽고 그만큼 재미있었습니다.

툭, 소시지가 끊어졌습니다. 나는 끊어진 면을 맞대어 살피며 생각해 보았습니다.

'실제 지층이 오랫동안 힘을 받으면 이렇게 끊어지거나 어긋나는 걸 뭐라고 했더라……..'

"맞다, 단층!"

나는 신이 나 소리를 질렀습니다.

파를 다듬고 계시던 엄마가 돌아보시더니 눈을 동그랗게 치켜뜨며 말씀하셨습니다.

"너 왜 멀쩡한 소시지를 부러뜨려?"

나는 엄마의 물음에 당당하게 대답했습니다.

"이게 지진이 일어나는 원리예요. 그걸 실험하여 확실히 알았어요."

엄마가 어이없어 하시며 나무라지도 어쩌지도 못하시는 모습을 보며 나는 유유히 방으로 들어갔습니다.

그리고 다시 한 번 지진이 일어나는 원인에 대하여 읽어 보았습니다.

크기와 세기는 다른 말

　　토요일 아침, 다른 날보다 일찍 눈을 떴습니다. 거실로 나와 보니 조용했습니다. 나는 엄마를 찾아 주방으로 갔습니다.

　　"엄마, 오늘 우리 벚꽃놀이 가요!"

　　엄마가 돌아보지도 않고 대답했습니다.

　　"꽃놀이……? 쉬는 날 잠만 자든 놀러 가든 그게 내 맘대로 되는 거 봤니?"

　　퉁명스런 엄마 말을 들은 나는 얼른 물러났습니다. 분명 엄마 속이 뒤틀려 있다는 걸 알 수 있었습니다. 엄마 기분에 따라 우린 듣지 않아도 될 꾸중을 듣기도 하고 맛없는 반찬을 먹기도 합니다. 엄마와 아빠 사이에 충돌이 일어나면 그 영향을 우리가 받게 되는 것이지요.

할머니 방도 조용했습니다. 다른 때 같으면 진작 일어나셔서 텔레비전을 보고 계실 텐데 기척이 없었습니다.

'아침부터 무슨 일이 있었나?'

곰곰이 따져 보니 어젯밤에 아빠 오시는 걸 못 보고 잤다는 생각이 났습니다.

'엄마가 지진을 일으키는 진원 중 가장 정확한 것은 아빠의 술이지.'

확실했습니다. 아빠는 토요일을 앞둔 금요일 저녁이면 술을 드시고 오는 경우가 많습니다. 그럴 때 엄마는 아빠를 기다리느라 화가 나면 누군가에게 짜증을 내시곤 합니다. 상미와 나는 그 눈치를 채고 어젯밤 텔레비전도 안 보고 일찍 책상 앞에 앉았지요.

'우리 집 지진계는 상미지.'

나는 이렇게 생각하며 상미 방으로 갔습니다. 문소리

에 눈을 뜨는 동생에게 물었습니다.

"아빠 새벽녘에 들어오셨어?"

상미가 일어나 앉으며 긴 머리카락을 손빗으로 가지런히 빗었습니다. 방울달린 고무줄로 머리를 묶고서야 대답했습니다.

"그랬겠지. 그런데 그건 왜?"

"넌 우리 집에 일어난 지진의 진도도 못 느끼니?"

"하아함, 진도……?"

상미는 하품을 하며 진도가 무슨 뜻인지 생각해 보는 것 같았습니다.

나는 상미가 지진에 대해서는 나보다 모른다는 생각에 자신 있게 말해 주었습니다.

"지진의 크기를 나타내는 것이 진도야."

그런데 내 말을 듣자마자 상미가 설명했습니다.

"진도란 지진의 크기를 말하는 것이 아니고, 지진의 세기를 말하는 거야. 지진의 세기는 진도, 크기는 규모라고 해. 크기와 세기는 같은 뜻이 아니잖아."

나는 깜짝 놀라 물었습니다.

"우와, 너 정말 대단하다. 이건 2학년 수준이 아닌데? 지금 배우는 내용도 아닌데 어떻게 다 알고 있어? 내 동생이지만 정말 대단해. 넌 역시 우등생이야!"

내가 마음에서 우러나는 칭찬을 하자 상미는 고분고분 대답했습니다.

"난 궁금한 것 있으면 못 참고, 알 때까지 파잖아. 오빠가 다니기 싫어하는 학원 가 있는 동안 독학 좀 했지. 요즘 인터넷이 얼마나 좋은데. 알고 싶은 맘만 있으면 다 알 수 있어."

만날 바락바락 대드는 상미가 아니었습니다. 어쩌면 그동안 내 쪽에서 상미에게 고분고분 말할 기회를 주지 않았을 수도 있습니다. 나는 공부 잘하는 여자애들은 무조건 건방지다고 늘 지레짐작 했거든요.

상미는 지각이란 말로 나한테 웃음을 샀던 날 찾아보았다며 말을 이었습니다.

"나는 학원 다니고 싶어도 안 보내 주는데, 다니기 싫어도 뭐든 배우게 하는 오빠가 부러워. 그래서 오빠보다 더 잘하고 싶어서 노력하는 거야."

"너도 4학년 되면 보내 주시겠지."

나는 할 말이 없어 얼버무렸습니다.

"오빠가 4학년이라서 그러는 줄 알아? 아들이랑 딸 차별이야. 할머닌 내가 시험을 잘 봐도 불평을 하셔. '야물기나, 하는 짓이나 상호랑 바뀌었어야 하는데, 쯔쯔.' 하시잖아. 내가 뭐 어때서 오빠랑 바꿔서 태어났어야 한다는 건지 정말 기막혀."

상미 말처럼 할머니께서 차별하시는 것은 사실이었습니다. 그런 불만이 상미한테 있다는 걸 그동안 한 번도 생각하지 못했을 뿐입니다. 그저 욕심 많고 나보다 뭐든 잘해 나를 난처하게 만드는 동생으로만 여겼습니다.

"더 잘 테면 자라."

멋쩍어진 나는 이렇게 말하고 내 방으로 왔습니다.

'지진의 규모와 진도…….'

지진의 규모와 진도란 말은 예전에 뉴스에서 들은 적

있습니다. 며칠 전에 인터넷에서 지진에 대하여 검색할 때도 보았습니다. 그런데 그 차이를 정확하게 알지 못했던 것입니다. 언젠가 독서에 대한 특별 강의를 했던 작가 선생님의 말씀이 떠올랐습니다.

'똑같은 내용을 보더라도 평소에 책을 많이 읽은 사람과 그렇지 않은 사람이 받아들이는 것에는 많은 차이가 있답니다. 딱딱한 돌은 물을 빨아들이지 못하지만 수없이 많은 생각의 틈을 가진 스펀지는 한없이 빨아들이는 차이라고 할 수 있어요. 여러분 생각을 돌처럼 굳게 하지 말고 스펀지처럼 만드세요.'

지진의 규모와 진도에 대하여 동생보다 더 모르고 있다는 게 부끄러웠습니다. 다행히 프린트 해 두었던 게 있었습니다. 그걸 꺼내 천천히 읽어 보았습니다.

● 규모란 지진의 크기를 수로 나타낸 것이다. 'M 6.0'이라고 나타낼 때 M은 규모를 나타낸 영어 단어의 첫 알파벳 글자이며 보통 소수 첫째자리까지 아라비아 숫자로 나타낸다. 지진의 크기를 처음 정리한 사람은 미국의 지진학자 리히터로, 그의 이름을 따 '리히터 규모'라고도 한다. 국제적으로 지진은 '규모'로 나타낸다.

큰 지진이 발생했던 지역

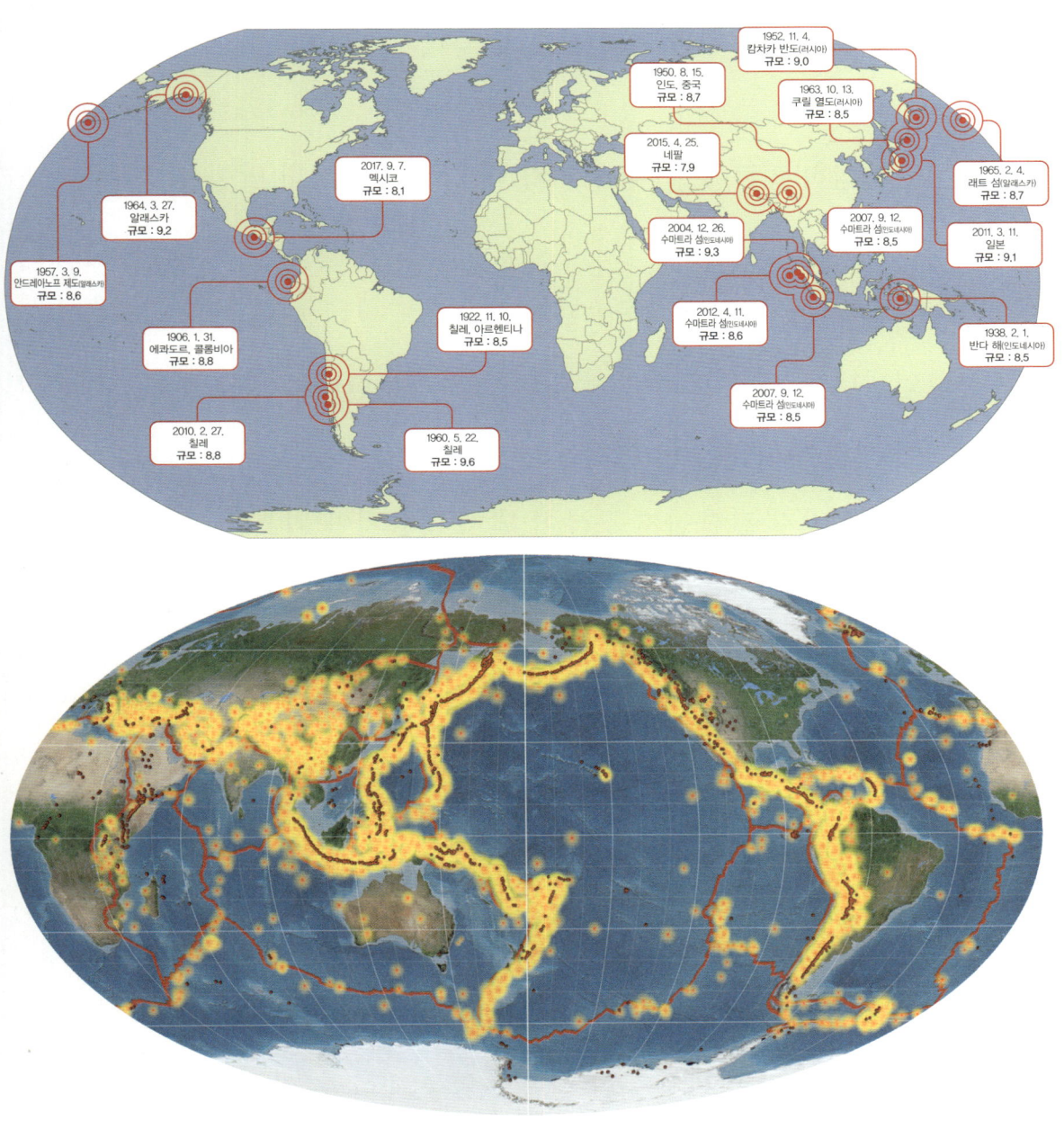

● '진도'는 정수 한 자리의 로마 숫자로 표시한다. 그러므로 지진의 크기는 '규모 6.5'라든가 '진도 Ⅳ' 등으로 나타낸다. '진도 6.5의 지진'이라고 표현하는 것은 옳지 않다.

열심히 읽고 있을 때 상미가 내 방으로 오더니 말했습니다.

"공부하고 있는 거야? 공부하는 오빠 보니까 새롭네! 언니나 오빠랑 모르는 거 찾아보고 공부한다는 친구들이 제일 부러웠는데, 이제야 나도 오빠 있는 것 같다."

칭찬인지 핀잔인지 구분이 되지 않았지만 기분은 별로 나쁘지 않았습니다. 그래서 물었습니다.

"지진은 왜 국제적으로 '진도'가 아닌 '규모'로 나타내는 줄 아니?"

"글쎄."

"세기란 사람마다 느끼는 정도가 다르기 때문이야. 각자 느낌이 다르잖아."

"그렇겠다. 무지 센 강진이었다고 하는 사람도 있을 테고, 자느라 느끼지 못한 사람도 있을 테니까."

오랜만에 동생이 내 말에 인정하며 고개를 끄덕이는 걸 보니 기분이 좋았습니다.

이때 엄마 말씀이 들려왔습니다.

"밥 먹자. 상미야, 할머니 식사하시라고 하고, 상호는 아빠 식사하시라고 해."

다른 날이라면 아빠는 엄마가 깨우러 들어가셨을 것입니다. 그런데 내가 들어가기도 전에 아빠가 나오고 계셨습니다. 틀림없이 엄마 눈치를 살핀 할머니께서 깨우셨을 겁니다.

졸린 눈으로 식탁에 앉은 아빠는 영 입맛이 없는지 밥알만 세셨습니다. 내가 봐도 반찬이 형편없었지만 아빠는 술 마시고 늦게 들어온 죄로 투정할 수도 없고 먹지 않겠다고 일어설 수도 없는 모양이었습니다.

엄마는 일부러 국을 안 끓이셨을 겁니다. 일 핑계대고 늦게까지 술 마시고 들어와 쉬는 날은 잠만 자는 아빠가 미울 수밖에 없을 테니까요.

그렇지만 할머니 마음은 그게 아닐 겁니다. 돈 버느라

고달픈 아들이 마냥 안타까운 분이니까요.

'속 쓰린 사람한테 술국을 좀 끓여 주지 원…….'

이렇게 나무라고 싶은 걸 참고 계실 겁니다. 술국 이야기를 꺼냈다가는 '어머님이 저 사람 버릇을 잘못 들이셨다.'는 말을 들을 게 뻔했으니까요.

하지만 할머니께서 참지 못하고 역정을 내셨습니다.

"아이고, 국물도 없고 이게 뭐냐. 밥이 까칠해서 넘어가지 않는구나."

할머닌 밥숟가락을 거칠게 놓고 소파로 가버리셨습니다. 그런 할머니를 본체만체 엄마는 식사를 하셨습니다. 할머니께서 진지를 드시지 않는 것은 화의 규모가 큰 것인데 엄마는 그 세기를 약하게 받아들인 것입니다.

"어머니께서 진지를 못 드시는데 밥이 넘어가?"

아빠가 화를 내셨습니다. 그러자 엄마도 숟가락을 탁 놓으셨습니다.

"술병 나서 속 아픈 아들 대신 마음 아파서 저러시는 거 몰라요? 어머님은 원래 국물 안 좋아하시잖아요!"

엄마는 조금 주눅 든 소리로 아빠에게 대답하고는 할머니를 향해 말씀하셨습니다.

"곤드레만드레 들어오는 날이 한두 번이어야 술국을 끓여 바치지요."

할머닌 집안 분위기 나빠지는 걸 막으려는 듯 아빠를 향해 한 마디 하셨습니다.

"그러기에 술 좀 덜 마시지 그러냐?"

할머닌 방으로 들어가시며 엄마를 향해서 한 말씀 하시는 것도 잊지 않으셨습니다.

"야단칠 때 치더라도 사람 속은 풀어 주어라. 남자가 집에서 대접 못 받으면 밖에서 큰일 못한다."

할머니의 화는 여전히 아들의 기를 살려 주기 위해 내는 규모에 그쳤습니다. 오래 사신 지혜로 우리 집 분위기를 늘 그렇게 챙기셨습니다.

술로 빚어진 우리 집 지진은 할머니의 지혜로 작은 규모로 그쳤습니다. 그렇지만 나와 상미는 아빠를 향한 엄마의 잔소리를 들으며 얼른 자리를 피했습니다. 엄마 가까이 있다가는 규모는 작지만 일어날 수도 있는 여진의 피해를 입지 않기 위해서였습니다.

　방으로 들어온 내가 상미에게 물었습니다.

　"오늘 우리 집 지진은 규모 2.3 정도, 진도로 나타내면 Ⅲ쯤 될까?"

　상미는 혼잣말처럼 중얼거렸습니다.

　"본진이 약하니까 후진, 아니 여진은 없겠지? 난 자꾸만 '여진'을 후진이라고 하려고 해. 본진 앞에 일어나는 현상이 전진이니까 뒤에 일어나는 지진은 후진이라고 해야 옳을 것 같아서."

　상미 이야기를 들으며 나는 수업 시간에 선생님께 들었던 '남을 여(餘)'라는 말이 떠올랐습니다. 그래서 설명해 주었습니다.

　"지진이 일어났는데 다 끝나지 못하고 남았다가 또 일어난다는 뜻으로 여진이라고 하는 거야. '여'자가 한자로 '남을 여(餘)'잖아."

　"정말? 그렇게 이해하면 헷갈리지 않겠네. 엄마가 검

사하는 한자 공부 지겨웠는데 한자 뜻을 알면 암기도 쉽고 잘 잊어버리지 않겠다, 그치 오빠?"

나는 새로운 사실에 또 어리둥절했습니다. 상미가 공부 하는 걸 싫어하기도 하다니 믿어지지 않았습니다.

"네가 하기 싫어하는 공부도 있냐?"

"같은 걸 여러 번 쓰는 건 지겹잖아."

모처럼 내가 동생이랑 사이좋게 지내는 사이 오전이 다 지나갔습니다. 본진이 약했던 때문인지 그때까지 우리 집에 여진은 일어나지 않았습니다. 어쩌면 엄마 아빠 방에서 조용히 일어났는지도 모릅니다. 며칠이나 지켜질지는 모르지만 아빠는 다시는 술을 안 마실 거라고 약속했을 테지요. 엄마도 알면서 속는다며 그 말을 믿고 화를 풀었을 것입니다.

그렇게 점심때가 가까워졌을 때 구수한 멸치 국물 끓이는 냄새가 났습니다. 나는 아직도 우리 집에 지진의 후유증이 남아 있나 감지하려는 지진계처럼 엄마를 살피러 갔습니다.

엄마 얼굴로는 감이 오지 않아 말을 걸었습니다.

"아빠 드릴 콩나물국 끓이실려고요?"

엄마는 여전히 차가운 목소리로 대답했습니다.

"누가 콩나물국 끓인대?"

이때 상미가 나와 물었습니다.

"할머니 좋아하시는 수제빈가 봐요?"

엄마는 퉁명스럽게 대답했습니다.

"수제비 싫어하는 우리 식구 없어."

엄마가 열심히 간을 보시며 끓인 것은 콩나물 수제비였습니다. 아빠가 술 드신 다음날 좋아하시는 콩나물국에, 할머니께서 좋아하시는 수제비를 합친 콩나물 수제비는 엄마와 내가 좋아하는 음식이었습니다.

결국 벚꽃놀이는 못 갔지만 다행히 맛있는 콩나물 수제비를 먹었으니 그것으로 만족해야 했습니다.

역단층 짝꿍

아침 자습이 그다지 많지 않아서 얼른 끝낸 나는 어제 도서실에서 빌린 책을 보았습니다. 『신비한 지구 속으로 GO! GO!』라는 책이었습니다.

"재미 붙였구나, 지진 박사!"

은지가 자습 공책을 덮으며 말을 걸었습니다.

나는 지진 박사라는 말에 기분이 좋아 씨익 웃으며 속으로는 이렇게 다짐했습니다.

'흠, 지진 박사란 말 대신 과학자라고 불리도록 노력해야지.'

"새로 알아낸 것 있으면 가르쳐 줘. 상호 네가 설명하면 재미있어서 머리에 쏙 들어오더라."

은지의 칭찬에 나는 정말 멋진 설명을 해 주고 싶은 욕심이 생겼습니다. 그래서 조금 전에 지층의 변화 부분을 읽을 때 상상된 모습을 들려주기로 했습니다.

"저기 봐."

나는 세 번째 줄에 앉은 광석이와 미진이를 가리켰습니다.

"대부분 짝꿍끼리는 키가 비슷하잖아. 그런데 광석이가 미진이보다 작아서 둘이 앉아 있는 모습이 꼭 역단층 같지 않냐?"

모두 키대로 앉았으므로 뒷줄로 오면서 차근차근 키가 큰데, 남자 줄 광석이 자리에서 낮아졌습니다. 그러니 짝인 미진이와 앉아 있는 모습이 역단층 같다고 여겨졌습니다.

3학년 때 같은 반이었던 광석이가 미진이와 앉으려고 키대로 서는 날, 발뒤꿈치를 들었다는 소문이 있었습니다. 억지로 뒤쪽에 앉은 것이지요. 공부는 보통이지만 얼굴 예쁘고 얌전한 미진이를 좋아하지 않는 남자아이들은 없습니다. 공부 못하고 인기도 없는 나처럼 감히 좋아한다는 생각도 못하는 아이들만 빼고는 누구나 미진이에게 친절하지요. 그러니 여자아이들은 미진이를 시샘했습니다.

그런 미진이를 광석이와 묶어 역단층이라고 한 게 은지는 무척 재미있는 모양이었습니다.

"뭐, 역단층? 호호호, 되게 웃긴다."

은지가 깔깔거렸습니다.

한참을 웃고 난 은지가 고개를 갸웃거리며 내가 읽고 있는 책을 끌어다 보았습니다. 단층에 대한 페이지를 오래도록 훑어보던 은지가 말했습니다.

"네 지우개 이리 줘 봐."

내가 지우개를 건네자 은지는 자기 지우개와 맞댔습니다. 그러고는 손에 든 채 여러 가지 실험을 했습니다. 양끝에서 당겨보고 또 밀었습니다. 한참을 그렇게 해 보던 은지가 반가운 목소리로 설명했습니다.

"그동안 정단층과 역단층이 잘 이해되지 않았는데 이제야 알겠어. 이것 봐."

은지는 두 개의 지우개를 양끝으로 당기며 오른쪽 지우개를 약간 낮췄습니다. 그런 다음 설명했습니다.

"힘을 받아 이렇게 어긋난 층이 내려오는 게 정단층이야."

이번에는 양쪽에서 밀고, 오른쪽 지우개를 조금 위로 올렸습니다.

"어긋난 면의 위쪽에 있는 지층이 내려오는 게 당연한데, 이번에는 반대로 위로 올라갔지? 그러니까 역단층이라고 하나 봐."

나는 은지에게 지우개를 받아 책상 위에 놓고 앞과 뒤로 힘을 주며 말했습니다.

"이렇게 앞뒤로 밀면 끊어져 어긋나는데, 두 단층이 평평하니까 수평 단층이라고 해."

다음에는 지우개를 손에 든 채 위아래로 움직였습니다.

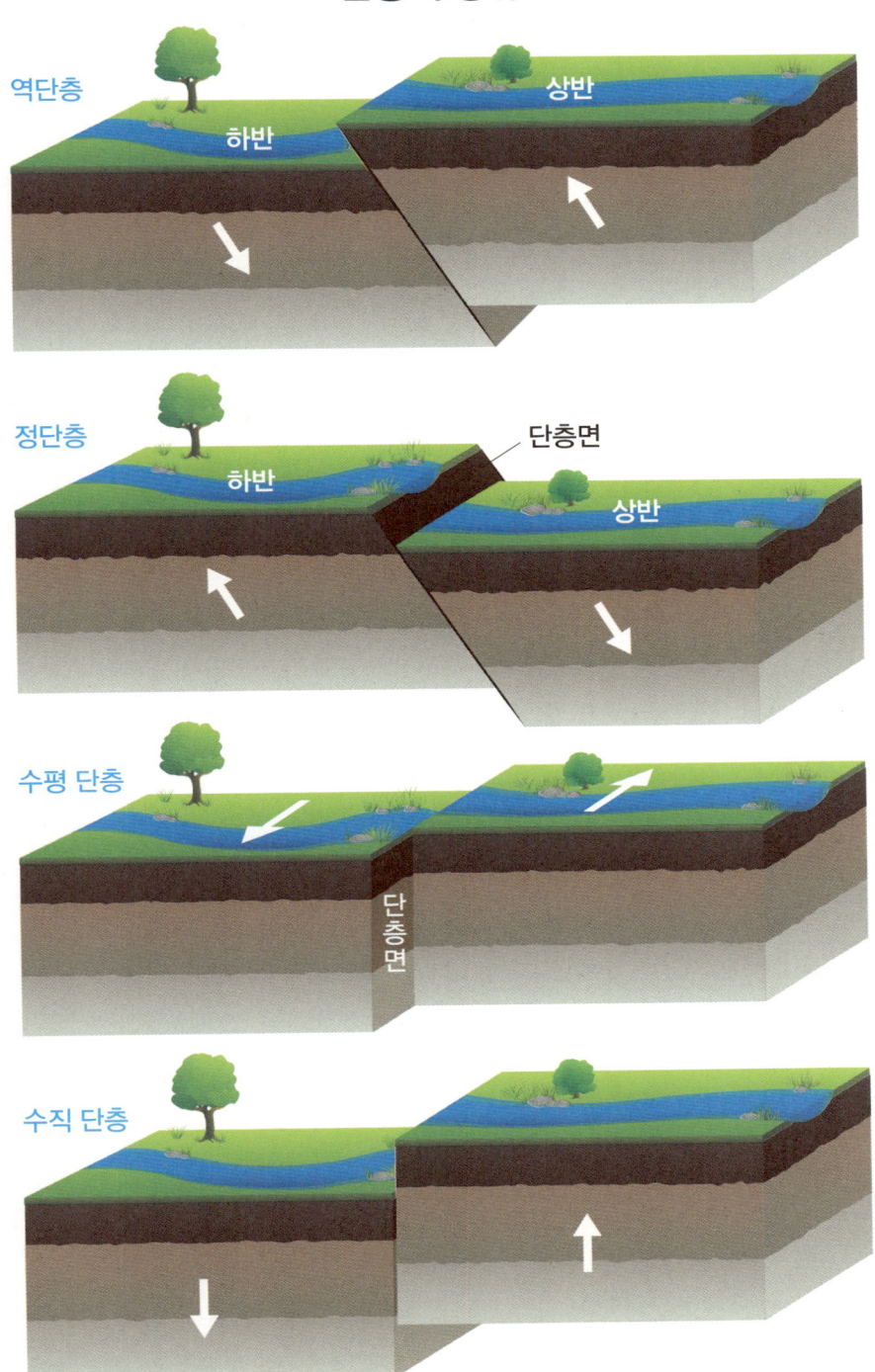

"위아래로 힘이 주어지면 이렇게 어긋나니까 수직 단층이 되는 것이지."

단층의 구분을 확실히 이해한 우리는 미진이와 광석이가 앉아 있는 모양이 정말 역단층을 생각나게 한다며 또 키득거렸습니다.

"역단층, 우리만 아는 별명으로 하는 거다. 알았지?"

"알았어. 킥킥……."

그러자 뒷자리의 영주가 내 등을 쿡 찌르며 물었습니다.

"너희들 요새 무슨 속닥거릴 말이 그렇게 많아? 아무래도 수상해."

내가 망설이는 사이 은지는 내가 보고 있던 책을 들이밀며 대답했습니다.

"수상하긴 뭐가 수상해? 네 눈엔 공부하는 것도 수상하게 보이나 보구나. 너도 상호처럼 이렇게 열심히 좀 해 봐."

그러자 영주 짝 지수가 책을 빼앗아 가더니 말했습니다.

"애들이 또 지진 공부하고 있네? 그렇게 열심히 하다 머리에 지진 일어나겠다."

은지가 돌아보며 말했습니다.

"어차피 우리는 환태평양 지진대니까 너희들도 공부 좀 해라. 그 책 너희 둘이서 사이좋게 봐. 오늘 과학 시간에 배울 내용 다 들어 있으니까."

그때 광석이가 자리에서 일어나 코를 잡은 채 야단법석을 떨었습니다.

"으이구 냄새야. 미진이 너 방귀 뀌었지?"

미진이가 아무 대답을 하지 않자 이번에는 아이들을 향해 말했습니다.

"애들아, 미진이 방귀 냄새는 정말 지독해."

그러자 동성이가 광석이를 나무랐습니다.

"야, 아무려면 미진이가 뀌었겠냐. 관심 끌려고 네가 치사한 방법을 쓰는 거잖아."

기영이도 나섰습니다.

"치사하게 미진이 좀 그만 괴롭혀라. 네가 뀌고 덮어

씌우지 마."

미진이는 여전히 미소만 지었습니다.

모두 광석이를 나무라고 미진이 편을 들어주는 것은 하루 이틀 일이 아닙니다.

미진이는 여전히 아무 말도 하지 않고 스케치북에 데생만 했습니다.

멋쩍어진 광석이가 기영이를 노려보았습니다.

나는 은지에게 속삭였습니다.

"지진이 일어날 것 같다, 지진파가 느껴지지? 광석이 속이 뒤틀리고 있어."

은지도 내 말에 맞장구를 쳤습니다.

"그래, 지진파 중에서 먼저 전해지는 P파야."

"P파는 종파라고도 해."

우리 둘이 속닥거리는 동안 기영이도 지지 않겠다는 눈초리로 광석이를 쳐다보았습니다.

그걸 본 은지가 또 내게 말했습니다.

"이제 S파까지 전해졌어."

나도 아는 걸 발표하는 사람처럼 대답해 주었습니다.

"S파는 횡파라고도 하지."

우리가 감지한 것처럼 드디어 남자아이들이 일으키는 지진이 일어났습니다. 광석이가 기영이에게 덤벼들었습니다. 동성이보다는 힘이 약한 기영이 쪽으로 터진 것입니다.

"야, 내가 방귀 뀌는 거 봤어?"

기영이도 기다렸다는 듯 광석이 멱살을 잡았습니다.

"네가 안 뀌었다는 증거 있어?"

"옆에 앉은 내가 알지, 네가 뭘 안다고 그래?"

"뭐라고? 이 자식이!"

둘은 말 대신 몸짓이 더 거세졌습니다. 말릴 틈도 없이 둘이 엉켜 붙었습니다. 그 바람에 책상이 밀리고 여자아이들이 놀라 비명을 질렀습니다. 광석이가 밑에 깔렸습니다.

기영이가 주먹질을 한 번 하는 순간 호루라기 소리가 휘리릭 들렸습니다. 자칭 '우리 반 정의맨' 정우가 불었던 것입니다. 키는 작아 맨 앞자리에 앉은 정우는 그런

식으로 아이들을 웃기기도 했습니다. 어느 때는 복도에서 있다가 선생님이 교무실에서 오시는 게 보이면 불기도 했습니다.

어쨌든 그 소리에 기영이가 손을 놓고 벌떡 일어났습니다. 광석이는 먼저 얻어맞은 걸 갚지 못하고 싸움이 끝난 게 몹시 분한 모양이었습니다. 그런데 선생님이 오신 게 아니란 걸 알자 정우에게 쫓아갔습니다.

"야, 너 맞고 싶어?"

"내가 뭐 어쨌다고?"

"왜 사람 놀라게 하냐고?"

"선생님 오실지도 모른다고 알려 준 게 뭐 어때서."

그 순간 정말로 문이 드르륵 열리며 선생님께서 들어오셨습니다. 모두 선생님 눈치를 살피며 후다닥 자리에 앉았습니다. 밀린 책상을 바로 당기는 소리로 시끄러웠습니다.

눈치채신 선생님께서 큰 소리로 물으셨습니다.

"무슨 일이야?"

아무도 대답하지 않자, 반장을 불렀습니다.

"반장이 알기 쉽게 설명해 봐."

"그러니까……."

반장이 광석이와 미진이를 바라보며 입을 여는데 느닷없이 은지가 일어섰습니다.

"선생님, 교실 전체에 진도Ⅲ 정도의 지진이 일어났습니다."

"그럼, 전체가 벌을 서겠다는 뜻이야?"

아이들은 영문을 몰라 술렁거렸습니다. 그렇지만 은지는 침착하게 대답했습니다.

"지구도 가만히 있지 못하고 지진을 일으키는데 사춘기에 접어드는 우리 4학년들이 가만히 있으면 이상하잖아요. 저희가 살아있다는 증거이니 그냥 봐 주세요."

"하하하, 지진 공부를 열심히 한 은지 덕에 오늘은 그냥 넘어가겠다."

오늘도 선생님이 일으키는 여진은 일어나지 않았습니다. 나는 재치 있게 대답한 은지가 짝이라는 게 자랑스러웠습니다.

 나는 은지와 의논해 가며 조금 전에 이야기한 지진파에 대한 것을 적어 보았습니다.

● **지진파란?**
 지진이나 폭발 등에 의해 전해지는 탄성파이다. 암석의 파괴가 일어난 진원 지역으로부터 지구의 내부 또는 표면을 따라 전파되는 파로 연못에 돌멩이를 던졌을 때 퍼지는 물결과 같다고 할 수 있다.

● **지진파의 종류**
1) **P파** : **종파**라고도 한다. 지진이 발생했을 때 암석을 통하여 가장 빨리 전해지는 파이다.
2) **S파** : **횡파**라고도 한다. P파에 이어 두 번째로 도달하는 지진파이며 액체는 통과하지 않는다.

 첫째 시간이 끝나고 선생님께서 잠깐 자리를 비웠을 때, 광석이가 미진이의 스케치북을 빼앗아 교실 뒤로 뛰어갔습니다.

 미진이는 얌전하고 귀여운 목소리로 말했습니다.

 "안 돼, 주란 말이야."

지진파의 종류

P파(종파) : 지구 내부를 지나는 지진파. 지진계에서 가장 먼저 기록되는 파.

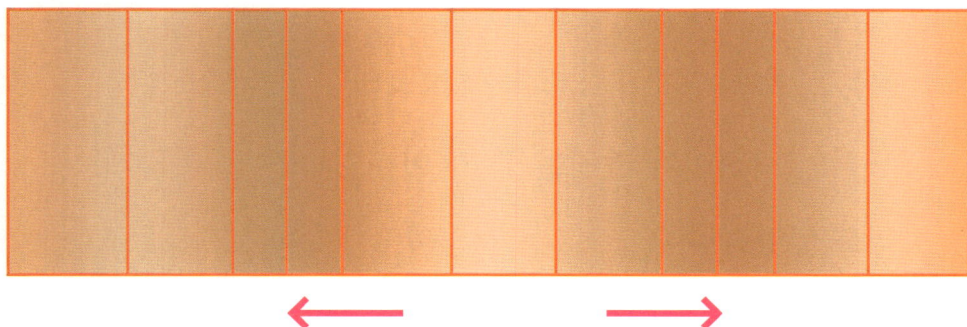

S파(횡파) : P파 다음에 두 번째로 도착하는 파. 파의 진행 방향에 수직으로 이동한다.

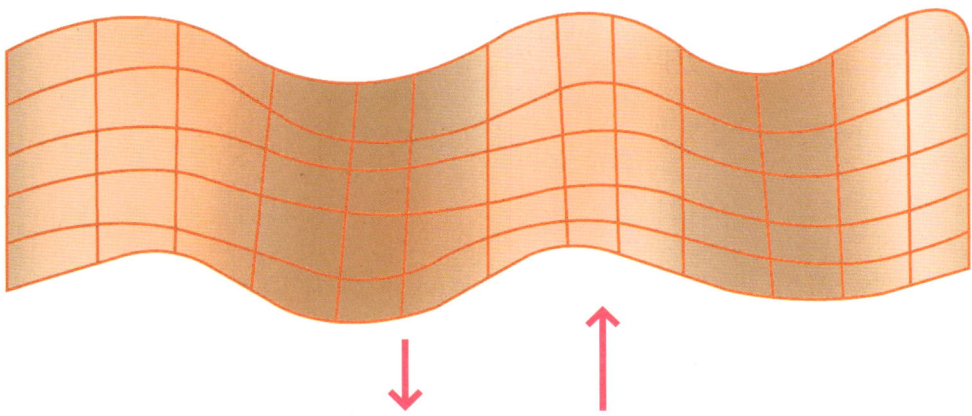

표면파 : 지구 표면을 따라 움직이는 파. 직각인 수평면 안에서 좌우로 진동. 건물에 큰 피해를 준다.

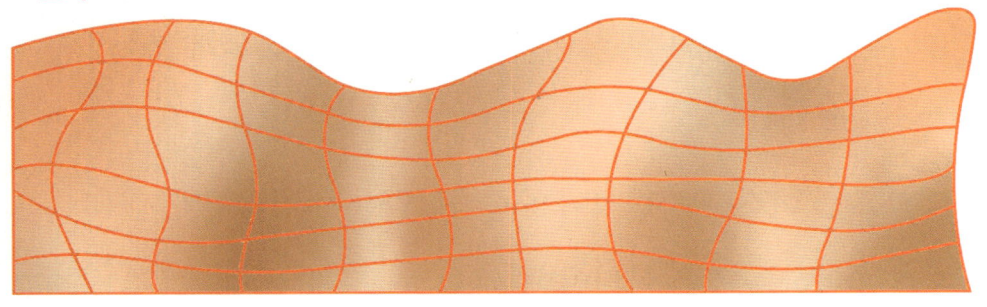

광석이는 미진이의 말에 아랑곳 않고 스케치북을 펼쳐 흔들었습니다.

"야, 방귀쟁이 짝이 그림은 잘 그리네!"

광석인 미진이가 방귀를 뀐 게 아니었다는 걸 이렇게 알리고 있었습니다.

그러자 정우가 호루라기를 한 번 불고 말했습니다.

"결론, 방귀는 광석이가 뀌었음!"

"그래, 내가 꼈다."

광석이는 능청스럽게 헤헤거리며 미진에게 스케치북을 돌려주었습니다.

"미진이 속도 좋다. 저런 녀석이랑 짝이 돼서 참고 있는 거 보면."

내 말에 은지가 대답했습니다.

"광석이가 자기를 좋아해서 저런다는 거 아니까 즐기는 거야."

"그럼 미진이도 광석이를 좋아한다는 뜻이잖아?"

"좋아하는 것은 아니야."

"내가 보기엔 미진이도 광석이를 좋아해. 이름처럼 정도가 워낙 약해서 잘 못 느끼지만 틀림없어. 미진이를 좋아하는 광석이의 마음은 지진 세기로 표현하면 진도 Ⅴ쯤 되는 강진이고, 광석이를 좋아하는 미진이의 진도는 Ⅰ쯤은 된다고 봐. 극소수의 사람만 느끼는 진도 말이야. 저렇게 귀찮게 하는데도 짝 바꿔 달란 말도 않잖아."

"그건 4학년씩이나 돼서 짝이랑 잘 지내지 못한다는 선생님 꾸중 안 들으려고 그러는 거야. 미진이는 모든 남자애들이 자기를 좋아하길 바라는 것뿐이야. 자기는 관심도 없으면서. 공주병 있는 여자아이들의 특징이지. 누구나 자기를 좋아해 주길 바라니까 얌전한 척하는 거야. 여자는 여자가 잘 알아."

"공주병 있는 여자애들의 특징이라고? 그럼 은지 너도 그래?"

은지는 내 말에 대답 않고 도리어 질문했습니다.

"상호 너도 미진이 같은 애 좋아해?"

"아니. 난 자기 생각을 똑 부러지게 말하는 애가 좋더라. 넌 공부 잘하는 남자애들만 좋아하지?"

"아니. 너무 잘난 체해서 싫어. 오히려 잘하려고 노력하는 사람이 더 멋있어."

나는 은지에게 점수를 따려는 사람처럼 쉬는 시간에도 빌려 온 책을 보았습니다. 그러다 진도 계급표를 보여 주며 말했습니다.

"진도 계급은 세계적으로 통일되어 있지 않고 나라마다 실정에 맞는 방법을 택하고 있대. 우리나라 기상청은 예전에는 일본 기상청 계급(JMA Scale)을 사용하다가 2001년부터 미국에서 시작되어 여러 나라가 사용하는 엠엠 스케일(MM scale)을 사용하고 있어."

은지도 내가 펴 보인 쪽을 읽고서 말했습니다.

"열두 가지로 나뉘네! 책 돌려주기 전에 이거 베껴 놓지 그러니?"

나도 그러려던 참이었기에 얼른 공책에 옮겨 적었습니다. 은지는 내가 적는 동안 친절하게 불러 주기까지

했습니다.

마침 셋째 시간은 과학 시간이었습니다.

"과학 시간이야!"

내가 과학 시간을 이렇게 좋아하다니 지구도 놀랄 일이었습니다.

수업이 시작되자 선생님께서 은지에게 질문하셨습니다.

"오은지, 오늘 아침 일어난 우리 반 지진의 피해자는 누구였지?"

은지는 선생님의 말뜻을 금방 알아듣고 또렷한 목소리로 대답했습니다.

"트럭이 지나가는 것과 같은 흔들림 정도인 진도Ⅲ이라서 피해는 없었습니다."

"다행이구나."

선생님은 밝은 표정으로 수업을 하셨습니다.

"지금 우리가 배우는 진짜 지진은 진도Ⅷ부터는 아주 위험하다. 건물이 무너지고 여러 지점에서 화재가 발생하게 되어 소방 능력이 떨어지므로 대화재로 발전하기 쉽다. 특히 전력, 전화, 수도, 가스 등의 전선, 배관에 큰 피해를 주며 도로, 철도, 다리, 터널, 공항, 항만 시설 등의 산업 시설 파괴는 물론 교통과 물자 공급에 지장을 주어 그 피해는 점점 커지게 된다. 그럼, 이런 지진의 피해를 줄이는 방법에는 무엇이 있을지 누가 말해 보렴."

나는 알고 있었기에 내진 설계를 해야 한다고 대답했습니다. 선생님께서 칭찬하시며 뜻도 아느냐고 물으셨습니다.

"지진이 일어났을 때 피해를 입지 않도록 연구하고 계획하여 다리나 건물 등을 세워야 한다는 뜻입니다."

내 대답에 은지가 손뼉을 쳤습니다.

선생님은 요즘 상호가 예습을 잘해 오는 것 같다며 다시 물으셨습니다.

"그럼, 지진이 발생했을 때 어떻게 행동해야 하는지도 알고 있니?"

나는 대답하지 않았습니다. 너무 쉬워서 다른 애들도

다 알 수 있는 것이었으니까요. 내 짐작대로 친구들이 모두 대답했습니다.

1) 즉시 엎드려 몸을 안전하게 보호한다.
2) 사용하던 전열 기구 및 가스레인지 등을 확실하게 끈다.
3) 문이 뒤틀려 열리지 않을 수 있으므로 재빨리 문을 열어 탈출구를 마련해 둔다.
4) 좁은 길이나 담 근처로 피신하지 않는다.
5) 벽·기둥·자판기 등은 무너지기 쉬우므로 주의한다.

역단층 짝꿍 둘은 발표를 하지 않았습니다. 미진이는 알아도 발표하지 않는 아이였고, 광석이는 경비 할아버지께 지구본을 받기 전의 나처럼 공부에 관심이 없었으니까요.

판 구조론으로 받은 칭찬

"형!"

은지와 함께 교문을 나오는데 외종인 3학년 영민이가 반갑게 부르며 다가왔습니다.

"왜 이제 집에 가니?"

"학급 신문 만들었어. 형, 먼저 갈게. 누나도 안녕!"

영민이는 나와 은지에게 손을 흔들고 횡단보도를 건너갔습니다.

같이 오던 은지가 물었습니다.

"쟤랑 친척이니?"

"응, 근데 어떻게 알았어?"

"쟤, 내 동생 반이라서 김영민이라는 거 알아. 오늘 가까이서 보니 너랑 되게 많이 닮았어. 그런데 둘이 성이 다르니 친동생은 아닐 테고, 친척일 것 같잖아."

"정말 닮아 보이니? 난 모르겠는데."

"자기끼린 생각해 보지 않아서 모르지만 남이 보면 닮았어."

"하긴 우리 엄마랑 외삼촌이 많이 닮았어. 그러니까 외종인 영민이랑 나도 닮았다고 할 수 있겠다."

"조금 닮은 게 아니라 많이 닮았어. 그런 걸 어른들은 판박이라고 하더라."

'한 식구가 아니라 멀리 떨어져 있지만 닮아 보인다면……. 오래전 조상이 같아서 닮았다는 뜻이니까…….'

나는 생각이 여기에 미치자 생소하지만 요즘 호기심을 갖게 된 낱말 몇 개가 퍼뜩 떠올랐습니다. 지금 읽고 있는 책에 나오는 '판게아'와 '대륙 이동설'이라는 말이었습니다.

"대륙 이동설 같다!"

내 말을 들은 은지가 걸음을 멈추며 물었습니다.

"무슨 뜻이야?"

"그러니까, 그게……."

나는 확실하게 설명을 해 줄 수 없어 안타까웠습니다.

"오래전 독일의 학자 베……, 아니 이름은 잘 생각나지 않는데, 그 사람은 세계 지도를 살피다가 남아메리카의 해안선과 아프리카의 해안선이 많이 닮았다는 생각을 하게 되었대."

"그래서?"

나는 머리만 긁적였습니다. 읽긴 읽었는데 잘 이해되지 않았던 부분이라 설명을 할 수가 없었습니다. 호기심 어린 눈으로 바라보는 은지에게 자신 있게 설명하고 싶은데 떠오르지 않았습니다. 그래도 더듬거리며 어렴풋이나마 이해하고 있는 것을 말했습니다.

"지진이 일어나는 이유는 단층, 단층이잖아. 그 이유 말고 하나가 더 있는데, 그게 대륙이 움직이기 때문이라는 거야."

"더 자세히 설명해 봐."

"그러니까 단층이 일어나게 하는 힘이 어디서 생기느냐는 문제와 연결돼."

역시 은지는 나보다 머리가 좋았습니다. 대충 내뱉는 내 설명만 듣고도 이해된다는 듯 말했습니다.

"그렇지. 우리가 실험할 때는 스티로폼에 많은 힘을 주어 어긋나면서 끊어지게 하여 단층의 원리를 배웠어. 그런데 실제 지구 안에서는 어떻게 그런 힘이 주어지는지 알 수 없잖아?"

"맞아. 그래서 연구를 하였는데, 지각이 물 위에 떠다니는 판자 조각처럼 움직이면서 서로 부딪히게 되는 원리라는 걸 알아냈어."

확실하게 설명을 하지 못해 아쉬운 나는 이렇게 덧붙였습니다.

"내가 집에 가서 더 자세히 알아내어 내일 가르쳐 줄게."

"나도 인터넷에서 검색해 볼 테니까 내일 같이 정리해 보자. 대륙, 뭐랬지? 그걸 검색하면 되는데…….."

"대륙이 움직인다는 대륙 이동설."

은지와 약속한 나는 학원까지 다녀와 피곤했지만 집에 오자마자 책을 펴보았습니다. 가물거렸던 독일의 학자 이름은 '베게너'였습니다.

독일의 과학자 베게너는 세계 지도의 해안선이 서로 떨어져 있는 것끼리도 퍼즐처럼 맞는 곳이 있다는 걸 발견했다. 그 이유를 알아내기 위해 그는 열심히 연구했는데 또 다른 의문을 갖게 되었다.

'같은 시기에 살았던 생물의 화석이 왜 서로 멀리 떨어져 있는 곳에서도 나타날까? 동식물이 바다를 건너갈 수 없는 거리이며 기후 조건으로도 살 수 없는 지역인데……. 더구나 지금은 육지인 곳에서 바다에 살았던 동식물의 화석이 발견되는 것은 어떤 이유일까?'

이 의문을 풀기 위해 연구를 거듭한 끝에 현재는 떨어져 있는 대륙들이 예전에는 붙어 있었을 거라는 가설을 세우게 되었다. 그리하여 다음과 같은 결과를 얻었다.

"현재 지구의 지각은 약 2억 년 전에 '판게아'라는 하나의 대륙으로부터 갈라져 나왔다. 즉 대륙은 움직이고 있다."

여기까지 읽고 나니 베게너의 대륙 이동설과 판 구조론에 대하여 어느 정도 이해가 되었습니다.

다음 날 학교에 간 나는 자리에 앉자마자 은지에게 말

했습니다.

"지각 아래 맨틀이 움직이고 있다는 대륙 이동설, 이제 확실히 이해했어."

그러자 은지도 요점 정리한 공책을 펴 보이며 대답했습니다.

"나도 어제 자세히 알아보았어. 판게아란 이런 뜻이더라. '판'은 '모든'이란 뜻이고 '게아'는 '땅'이란 말이야. 그러니까 처음엔 모든 땅이 하나였다는 이론이지."

"하나의 판이었다가 떨어져 나와 여러 개의 조각으로 나뉘었다는 것까진 이해되는데 맨틀 위에 떠 있는 지각, 즉 대륙이 움직이고 있다는 게 이해되니?"

내 물음에 은지가 대답했습니다.

"아프리카와 남아메리카는 해마다 4센티미터씩 멀어지고 있다잖아."

이렇게 말하면서 은지는 출력해 온 자료를 보여 주었습니다.

● **판 구조론**

　모든 지진이 단층 운동으로 일어난다고 설명하는 것은 불충분하다. 무엇보다 지진이 단층 운동에 지나지 않는다고 하면 단층을 움직이는 힘은 어디서 왔는가 하는 의문이 생긴다. 이것을 설명할 수 있는 것이 판 구조론이다.
　판 구조론에 따르면 지구의 암석권은 유라시아판, 태평양판, 북미판 등 10여 개의 판으로 나뉘어져 있다. 이들은 각각 서로 부딪치거나 밀고, 때로는 서로 포개지면서 매년 수센티미터 정도의 속도로 점성이 있는 맨틀 위를 이동하고 있다. 이러한 지각 판들의 운동은 가장자리 사이의 마찰에 의하여 어마어마한 힘이 서로에게 작용하는데, 판의 마찰 저항을 넘는 단계가 되면 갑작스런 미끄러짐이 일어나며 부딪혀, 지진이 일어난다.

　나도 검색해 본 자료였습니다. 나는 은지와 공부로 대화할 수 있다는 걸 스스로 대견해 하며 말했습니다.

　"그런데 신기하지 않니? 떨어져 있는 대륙의 해안선이 닮았다는 것 하나로 모르고 있던 이론을 발견하다니 말이야."

　내 말에 은지는 선생님 같은 말투로 설명했습니다.

　"그러니까 전체를 다 보고 증명하는 것은 과학이 아니야. 조그마한 부분, 일부의 자료를 가지고도 전체를 증명해 내는 것이 과학이지."

　그렇게 대단한 말을 어디서 들었는지 묻고 싶었는데

지구 판 구조

하지 못했습니다. 너무 아부하는 것처럼 보일 것 같아서였습니다.

그날 과학 시간에 은지와 나는 검색한 자료를 바탕으로 판 구조론에 대하여 발표를 했습니다. 여기에 선생님께서 덧붙여 설명하셨습니다.

"두 사람이 발표를 아주 잘했다. 들었던 대로 지진이 발생하기 쉬운 지역은 보통 판 경계 부근이다. 하지만 판 내부에서도 종종 지진이 발생하고 있다. 판과 판의 경계에서는 마그마가 분출하기 쉽기 때문에, 지진이 자주 발생하는 지역은 화산이 발생하는 지역과 겹치기 마련이다. 일본의 지진은 대부분 태평양 쪽에서 발생하고 있는데, 이것은 판 경계 지진으로 태평양판과 필리핀판이 유라시아판 밑으로 충돌하며 침강하기 때문이다. 한 가지 더 알아야 할 것은 그동안 우리나라는 지진 지역이 아닌 줄 알았는데 그게 아니라는 점이다. 근래에 들어 우리나라도 지진 지역에 포함되었다. 이는 앞으로 여러분 중에 지진 연구를 하는 사람이 나와야 한다는 뜻이기도 하다. 알겠지?"

나는 선생님의 말씀이 꼭 내게 하시는 것만 같아 가슴이 두근거렸습니다.

설명을 마친 선생님이 덧붙이셨습니다.

"상호가 요즘 공부에 재미를 붙인 것 같은데 여러분도 본받기 바란다."

학교생활 4년째 되어서야 공부로 칭찬을 들은 나는 가벼운 발걸음으로 집에 돌아왔습니다.

학원에 가기 전에 수학 숙제까지 마쳤습니다. 예전 같으면 있을 수 없는 일이었습니다. 학교에 갔다 와서 또 학원에 가려면 쉬어야 한다며 잠깐이라도 빈둥거려야만 덜 억울하다고 여겼으니까요.

엄마가 학원 차 올 시간을 10분 전부터 알려 주던 때와 달리 나는 학원 갈 가방을 미리 챙겼습니다.

지진은 예방할 수 없나?

학교에서 3교시와 4교시에 재난 대피 훈련이 있었습니다. 보통 때랑 다른 특별 훈련이었습니다. 우리 구에 있는 소방서에서 소방관 아저씨 두 명이 고가 사다리차를 몰고 왔습니다. 화재가 발생했을 때 어떻게 대처하는지 설명을 듣고 실제 상황처럼 해 보았습니다.

1~3학년은 고가 사다리를 타고 탈출하는 시범, 4~5학년은 불 끄는 연습, 6학년은 인명 구조 훈련을 했습니다. 고가 사다리에 탄 여자아이들 중에는 무섭다고 소리를 치기도 했지만, 전반적으로 모두 진지한 모습으로

훈련했습니다. 극한 상황에서 자기 혼자만 살아나는 것이 아니라 다른 사람의 목숨을 구한다는 것 때문에 사명감까지 느껴졌습니다. 그래서인지 두 시간이 훌쩍 지나 버렸습니다.

점심을 먹고 5교시 과학 시간에 선생님께서 말씀하셨습니다.

"오늘 배울 것은 지진이 발생했을 때 대피 요령이다. 마침 오전에 대피 훈련을 받았으니 아주 쉽겠구나."

이때 공부도 못하면서 엉뚱한 소리를 잘하는 명구가 질문했습니다.

"아까 받은 훈련은 지진이 일어났을 때가 아니라 화재 났을 때였어요, 선생님."

아이들은 한심하다는 듯 명구를 쳐다보았습니다. 뭐라고 대꾸하실지 궁금하다는 표정으로 선생님을 쳐다보는 아이들도 있었습니다.

그 틈에 광석이가 아는 체를 했습니다.

"야~, 그걸 질문이라고 하니? 너는 지진이 일어나면

화재도 일어나는 거 텔레비전에서 못 봤어? 뉴스에서 일본 지진 일어난 거 봤을 거 아냐."

원래 잘난 체하지만 공부에는 관심 없는 광석이가 나서는 게 이상하긴 했습니다.

선생님께서는 명구의 질문을 듣지 않은 것처럼 설명을 이었습니다.

"모두 알겠지만 지진은 일어나면 길어야 1분 이내에 그치게 된다. 강한 진동이 계속되는 시간은 15초를 넘지 않으므로 멀리 대피하려 하지 말고 있던 장소에서 안전한 위치를 찾아야 한다. 무엇보다 당황하지 말고 침착하게 행동해야 한다. 지진이 일어났다는 걸 안 순간 도망부터 치려고 허둥대면 더 큰 사고로 이어질 수 있다. 이때는 책임 있는 사람의 지시에 따라 행동하며 인화성 물건, 그러니까 성냥, 라이터, 가스레인지, 석유난로 등은 사용하지 않아야 한다."

선생님께서 잠깐 숨을 고르시는 사이 광석이가 다시 끼어들었습니다.

"지진이 일어난 후 화재가 발생하는 걸 막으려면 가스 밸브를 잠가야 하는 거죠?"

"그렇지. 진동으로 가스관이 파괴되면 가스가 새어 나오고 전기 스파크가 일어나면 화재로 이어지니까 가스, 수도, 전선을 점검하고 밸브를 잠가야 한다. 가스가 샌다면 문을 활짝 열어 놓고 즉시 밖으로 나가 해당 기관에 신고를 해야 한다. 평소에 지진의 특성을 잘 알고 있으면 침착하게 대처할 수 있겠지? 보통 사고가 났을 때 신고가 늦어 피해가 커지는 경우가 많으니, 비상 통화를 위하여 개인적인 전화는 가능하면 하지 않아야 한단다."

이번에는 영주가 질문했습니다.

"가족이나 친척에게 사고가 났다는 걸 알려야 하는데 어떻게 전화를 하지 않을 수 있어요?"

그러자 여기저기서 조금 있다가 하면 된다느니, 뉴스를 보면 다 알게 된다는 말들이 나왔습니다. 서로 야단법석을 떨어서 전화가 불통이 된다는 말도 나왔습니다.

선생님은 오전에 받은 대피 훈련이 무엇인지 다시 생각해 보라고 하셨습니다. 몇 아이들이 발표를 했습니다. 선생님은 다 들으신 후 정리를 해 주셨습니다.

"모두 잘 알고 있듯이 지진 직후 자신이 무사하다면 먼저 도피하려 하지 말고, 주변의 다친 사람이나 응급 상황을 해결해야 한다. 이어지는 여진은 이러한 일을 할 수 있을 만큼 시간적 간격을 두고 옴으로 차근차근 대처해야 한다."

그런 다음 선생님은 칠판에 요점 정리를 하셨습니다.

● **평소 대비**
1) 라디오, 손전등, 비상 구급함을 준비해 둔다. 가족 모두는 준비물이 어디에 있는지 알고 있어야 하며 건전지는 손이 닿는 곳에 보관한다.
2) 응급 처리 방법, 비상시 행동 요령을 알아 둔다.
3) 가족 모두 가스, 전기 퓨즈 상자, 수도 밸브 위치를 알아 두고 잠그는 법을 알아 둔다.
4) 소방 기구를 비치해 둔다.
5) 높은 선반 위에 무거운 물건을 놓아두지 않는다.
6) 가구나 찬장 등을 벽에 잘 고정시켜 둔다.
7) 지진 발생 후 가족이 헤어졌을 때 만나는 방법을 연구하여 알아 둔다.

요점 정리를 마쳤을 때, 내가 선생님께 질문했습니다.

"그런데 엘리베이터에 타고 있을 때 지진이 일어나면 어떻게 하나요?"

보통 때도 엘리베이터를 탔을 때 덜커덩거리는 소리가 나면 가슴이 철렁했던 경험이 떠올랐기 때문입니다.

선생님께서 반갑게 대답하셨습니다.

"좋은 질문이다."

'와, 내가 질문을 다 하다니…….'

나는 얼굴이 붉어지는 것 같아 슬쩍 눈을 내리깔았습니다.

"각 장소에 따라 어떻게 대피하는 것이 좋은지는 조별로 토론한 후 발표하기로 하자."

우리들은 먼저 알아볼 장소를 정하고 모둠별로 한 곳씩 맡았습니다.

우리 모둠은 내가 말했던 엘리베이터 안에 있을 때에 대하여 알아보았습니다.

엘리베이터를 타고 있을 때

- 안전을 확인하고 가장 가까운 층으로 신속하게 대피한다.
- 갇혀진 상황이 되었더라도 침착하게 구조를 기다린다.
- 밖에 있다가 지진이나 불이 났을 때는 엘리베이터를 이용해서는 안 된다.
- 엘리베이터에 타고 있을 때 지진을 느끼면 각 층의 버튼을 전부 눌러, 엘리베이터가 정지하면 신속하게 내려 안전을 확인한 후 대피한다.
- 갇히게 되면 침착하게 인터폰으로 관리실에 구조 요청을 하고 기다린다.

정우네 모둠은 집 안에 있을 때의 요령을 조사 발표했습니다.

- 가장 안전한 장소로 자리를 옮기고 머리가 다치지 않도록 감싸고 몸을 낮춘다.
- 가구가 넘어지거나 떨어져서 상처를 입는 경우도 있으므로 평소에 가구를 고정시켜 떨어지지 않게 해 둔다.
- 석유, 가스 등을 사용하는 열기구와 전기 등 불이 날 수 있는 것들은 중간 밸브를 잠그거나 스위치를 끈다.
- 옷에 불이 붙으면 담요로 몸을 감싸서 끄고 혼자일 경우 누워 뒹굴어서 끈다.
- 놀라서 밖으로 나가지 않는다. 건물이 무너질 가능성은 적지만 유리창이나 간판 등이 떨어지거나, 블록 담, 자동 판매기 등이 넘어질 우려가 있으므로 집 밖이 더 위험하다.
- 놀라서 허둥지둥 다니면 뜻밖의 부상을 당할 수 있다.
- 화장실, 목욕탕은 면적이 좁은데 비하여 벽면이 많아서 비교적 안전하다.
- 위급하다고 느끼면 위층으로 가는 것이 안전하다.

빌딩 근처나 백화점, 극장, 지하 등 번화가에 있을 때에 대한 요령은 광석이네 모둠이 발표했습니다.

- 땅이 흔들리고 서 있지 못할 정도가 되면 가까운 곳에 있는 문기둥이나 담에라도 의지하려고 하는데, 언뜻 보기에 튼튼해 보이더라도 실제는 위험한 것들이니 주의해야 한다.
- 유리창이나 간판 등이 떨어질 때 가장 위험하므로 갖고 있는 소지품으로 머리를 보호한다.
- 지하는 비교적 안전하지만 정전이 되어 불안에 싸일 수도 있다. 하지만 곧바로 비상등이 켜지게 되어 있으므로 차분하게 행동한다.
- 극장처럼 많은 사람이 모인 곳에서는 한꺼번에 출입구로 몰려가게 된다. 차분히 넓은 쪽으로 피하는 것이 안전하다.

광석이네 모둠의 발표를 들은 선생님께서 가장 중요한 것이라며 보충 설명을 하셨습니다.

"백화점이나 극장 등 사람이 많이 모이는 곳에서 무엇보다 두려운 것은 혼란이다. 서로 먼저 피하려고 출구나 계단으로 우르르 몰려가다가 한 사람이 넘어지면 이어서 넘어지게 된다. 이런 사고가 얼마나 무서운지 언젠가 가수 공연 때 일어난 사고를 봐서 알 것이다. 백화점이나 극장, 지하 상가 등에는 비상 시에 안내를 담당하는 사람이 있으니 그의 안내에 따라야 한다."

듣기만 해도 두려움이 느껴지니 그만큼 주의해야 할 점이라는 걸 알 수 있었습니다.

동영이네 모둠이 발표한 것은 지하철이나 자동차에 타고 있을 때였습니다.

- 지하철 안은 비교적 안전하다. 만약 문을 열고 뛰어내리면 다른 차량에 치거나, 고압선에 감전되는 사고가 발생할 수 있다.
- 갑자기 강한 충격이 올 수 있으므로 손잡이를 비롯한 고정되어 있는 것을 꽉 잡고 넘어지지 않도록 한다.

- 안내 방송에 따라서 움직인다. 개인 행동은 혼란의 원인이 된다.
- 자동차 운전을 하고 있을 때는 차를 도로의 오른쪽에 세우고 사태를 파악한다.
- 빨리 달아나려고 운행하면 서로 얽혀 몹시 혼란해진다.
- 대피할 필요가 있을 때는 창문을 닫고 자동차 열쇠를 꽂은 채로, 차문은 잠그지 말고 가까운 지역의 사람들과 행동을 같이 한다.

민지네 모둠은 야외에 있을 때, 그러니까 휴가나 여행으로 산과 바닷가에 있을 경우에 대한 대피 요령이었습니다.

- 산사태, 절벽의 붕괴, 해일이 일어날 수 있으므로 신속하게 그 지역을 벗어난다.
- 산 근처나 급경사지에서 큰 지진을 느끼면 곧바로 안전한 장소로 대피한다.
- 해안에서 강한 지진을 느꼈다면, 빨리 해안에서 멀리 피한다. 지진을 못 느꼈다 하더라도 지진 해일 주의보나 경보가 발표되면 곧 대피한다.
- 해수욕이나 낚시는 매우 위험하므로 곧 중지하고 대피한다.
- 지진 해일은 여러 차례 덮쳐 오므로 특보가 해제될 때까지 경계를 게을리하지 말아야 한다.
- 선박에서 강한 지진을 느꼈다면, 수심이 깊고 넓은 바다로 나간다.
- 항구 밖으로 대피할 수 없는 소형 선박은 높은 장소로 배를 끌어올려 튼튼하게 묶는다.

각 모둠의 발표를 듣고 선생님께서 정리하셨습니다.

"모두 열심히 조사했구나. 모든 경우에 다 해당되는 것은 근거 없는 확실하지 않은 소문만 듣고 우왕좌왕하지 말고 텔레비전, 라디오나 행정 기관의 정보에 따라 행동해야 한다는 점이다."

선생님의 설명까지 끝났을 때 은지가 질문했습니다.

"지진이 일어난 후 만약 화재로 이어졌을 때 대피하는 요령도 정리해 보는 게 좋겠어요."

"그렇다. 지진에서 가장 무서운 것은 건물의 붕괴 같은 직접적인 피해보다 그 뒤에 발생하는 화재에 의한 피해이다. 그점은 오늘 대피 훈련에서 배웠으니 잘 알 것이다."

우리들은 훈련했던 걸 떠올리며 열심히 적었습니다. 수업이 끝났는데도 교실 분위기가 무거웠습니다. 실제로 지진이 일어나 피해를 당한 것은 아니지만 불행한 장면을 상상한 탓이었습니다.

그런 기분을 떨쳐버리지 못한 내가 은지에게 말했습

니다.

"소 잃기 전에 외양간을 고쳐야 한다는 말이 있는데 지진은 예방도 없나 봐."

은지도 밝지 않은 표정으로 대답했습니다.

"그러게 말이야. 우리가 배운 것도 피해를 줄이는 방법이지, 지진 자체를 일어나지 않게 하는 것은 아니잖아."

이렇게 대답한 은지가 갑자기 선생님께 질문했습니다.

"선생님, 피해만 주는 지진 발생을 미리 알아내어 막는 방법은 없나요?"

책상 정리를 하시던 선생님께서 흘깃 쳐다볼 뿐 한참 동안 말씀이 없으셨습니다. 대답을 해 주지 않으시려나 보다고 포기했을 때 선생님께서 교탁 앞으로 오시더니 말씀하셨습니다.

"지진 발생을 막으려면 많은 연구가 필요해. 오늘의 여러분 중에 그걸 연구하는 훌륭한 지질학자가 나올 수도 있겠지. 선생님은 그럴 거라고 기대한다."

"……."

우리들은 쉬는 시간인데도 수업 시간만큼 조용히 귀를 기울였습니다.

"지진의 발생을 미리 알 수 있다면 방재상의 효과는 참으로 크겠지. 지금도 많은 사람들이 관측하고 실험하고 있단다. 지진이 일어날 전조로는 지진 활동, 지각 변동, 지구 자기 현상, 지하수, 동물들의 이상 행동 등을 들 수 있단다. 이런 항목들을 끊임없이 관측한 데이터들을 정리 기록하여 통계를 내는 거란다."

뜬금없이 광석이가 말했습니다.

"지진은 인간에게 아무 필요 없는 나쁜 것이네요!"

그렇게 당연한 걸 묻는 게 어이없었지만 아무도 웃지 않고 선생님의 설명을 기다렸습니다.

"지진은 지각과 맨틀에서 일어나는 매우 복잡한 과정의 하나로 우리에게 위험한 재난을 가져다 주는 것이 사실이다. 하지만 지진을 연구함으로써 지구 내부의 구조와 상태를 알 수 있지. 실제로 우리가 알고 있는 지구 내부 구조에 관한 지식의 거의 전부가 지진학의 연구 결과로 얻어진 것이란다. 땅속으로 파고 들어가 알아내기에는 한계가 있으니까. 판 구조론도 지진학의 뒷받침 없이는 그냥 공상적인 이론일 뿐이지. 큰 지진이 일어날 때마다 우리 인류는 재난을 겪는데, 그 반면에 지진 때문에 지구 내부의 구조와 거기에서 일어나는 현상에 대하여 더욱 많은 것을 알게 된단다. 그러니 우리가 지구 속을 알려면 지진 연구는 계속 되어야 하는 것이지."

나는 속으로 생각했습니다.

'우리 집에 지진이 일어나지 않으면 참 좋겠지만, 각기 다른 가족에서 떨어져 나와 만난 사람들이 가족을 이루고 사는 거니까 다툴 수밖에 없어……. 하지만 다투면서 화목하게 지내는 방법을 찾아내는 것처럼 지진을 겪으면서 지구 속을 더 잘 알고 더 발전하면 되는 거야.'

설명을 마친 선생님께서 말씀하셨습니다.

"참, 오늘로 「화산과 지진」 단원은 끝났다. 다음 시간부터는 「지층과 화석」 단원이다. 예습해 오도록!"

모두 그러려니 했는데 반장이 질문했습니다.

"선생님, 다음 단원은 「지층과 화석」이 아니고, 「물의 여행」이에요."

다른 아이들도 재빨리 교과서 차례를 살피고서 말했습니다.

"맞아요. 다음 단원은 「물의 여행」이에요. 그게 더 재미있을 것 같은데……."

그러자 선생님께서 말씀하셨습니다.

"알고 있다. 하지만 암석은 지진과 연관되는 부분이 많으니 순서를 바꾸려는 것이다. 이어서 배워야 효과적이지. 지진 배울 때 예습을 많이 해 온 덕분에 재미있고 이해가 빨랐다는 걸 알았을 테니 모두 예습해 오기 바란다. 컴퓨터를 이용하면 얼마나 좋으냐. 요즘은 인터넷에 접속하면 자료가 널려 있다. 맘만 먹으면 얼마든지 공부할 수 있어. 부모님들께서는 컴퓨터하면 만날 나쁜 것이나 보고 게임이나 하는 것으로 아시는데, 그 생각을 바꾸는 것은 너희들 하기에 달려 있어."

나는 여전히 지진에 대한 생각에 잠겼습니다.

'소 잃고 외양간을 고치지 않아야겠지만 소는 누구에게나 필요한 것이기에 잃는 일이 벌어질 수 있고, 그때마다 더 단단하게 외양간을 고치는 것이 아닐까?'

이런 생각을 하다 보니 스스로 흐뭇했습니다. 이런 게 아빠가 말씀하신 철학이 아닐까라는 생각이 어렴풋이나마 들었기 때문입니다.

돌 속의 보석

일요일 아침 눈이 일찍 떠진 나는 인터넷 검색을 하고 있었습니다. 다음 주부터 배울 암석에 대하여 공부해 보니 참 재미있었습니다. 암석을 지진 단원에 이어 배우자고 하셨던 선생님의 뜻도 확실히 이해되었습니다. 둘 다 지구 속을 배우는 단원이었습니다. 물론 암석은 지구 겉에 있지만 속에서 나온 마그마로 만들어지는 것이었습니다. 여기저기 검색을 해 보니 자료가 많았습니다.
'이 세상에 돌이 없다면 살기가 어려울 거라고?'
그동안 생각해 보지 않았는데 돌이 없으면 할 수 없는

일이 아주 많다는 걸 알게 되었습니다.

바윗돌 깨뜨려 돌멩이

돌멩이 깨뜨려 조약돌

조약돌 깨뜨려 모래알

입에서는 나도 모르게 흥얼흥얼 노래가 나왔습니다.

아침 준비를 하시던 엄마가 내 노랫소리를 들으셨는지 다가오며 물으셨습니다.

"공부하니?"

내가 모니터를 가리고 앉아 있었으므로 무얼 하는지 보이지 않을 텐데도 그렇게 물으셨습니다.

컴퓨터 앞에 앉아 있으면 무조건 화부터 내던 엄마가 이제 아니었습니다. 예전에는 내가 공부를 하고 있어도 '또 그놈의 컴퓨터만 하느냐?'고 화를 내시곤 했습니다. 숙제라도 하고 있던 내가 노는 게 아니라고 소리치면 '마지못해 숙제 하면서 큰 벼슬이라도 하는 사람 같구나.'라고 얼버무렸던 엄마였습니다. 내가 달라지면 상대방도 달라진다는 말이 맞았습니다. 컴퓨터는 게임이나 하는 걸로 알았던 내가 달라지니까 엄마도 따라서 변한 것입니다.

"아침부터 노래가 나오고 뭐 기분 좋은 일이라도 있니, 아들?"

"네."

나는 서슴없이 대답했습니다.

"뭔데? 엄마도 듣고 좋아지자."

"이 수수께끼 좀 보세요. '세상에 돌머리 아이들이 없으면 누가 젤 손해일까요?'라는 문제가 있는데 답이 뭘까~요?"

나는 암석에 대한 자료가 들어 있는 사이트를 보던 중이라 자신 있게 화면을 가리키며 여쭈었습니다.

"돌머리, 머리 나쁜 사람 말이니? 글쎄다……."

"머리 나쁜 아이들 때문에 득을 보는 사람이 누구냐는 뜻이에요."

"학원 선생님들이니? 머리 나쁜 애들이 없으면 돈을 벌지 못하는 거잖아."

"에이, 엄마도. 답은요, 우등생들이에요."

엄마가 이해되지 않는다는 듯 나를 빤히 바라보셨습니다.

"돌머리들이 없다면 어떻게 우등생이 될 수 있겠어요. 다른 사람보다 조금 더 잘해서 우등생 소리 듣는 거잖아요. 공부 잘한다고 칭찬받는 애들은 돌머리들한테 고맙다고 해야 한대요. 절대 평가라면 모를까 상대 평가를 하기 때문에 공부 못하는 애들을 돌머리라고 무시하면 안 된대요."

"상대 평가?"

엄마가 놀란 얼굴로 물으셨습니다.

"우리 집만 봐도 제가 공부를 완전 못하는 게 아니라, 상미가 잘하니까 제가 더 못하는 걸로 보이는 거예요."

"오, 우리 아들이 상대 평가, 절대 평가라는 말도 알다니, 갑자기 유식해져서 엄마는 너무 놀랍구나. 그렇지만 기분은 아주 좋아졌어. 호호!"

나는 엄마 칭찬에 익숙한 아이처럼 씨익 웃었습니다. 그때 압력솥에서 딸랑거리는 소리가 요란하게 들렸습니다.

"우리 아들이 갑자기 우등생이 된 것 같구나."

엄마는 내 등을 토닥여 주고 주방으로 가셨습니다.

'움직이는 돌, 날아다니는 암석?'

모래도 암석이므로, 그렇게 표현한다는 부분을 읽고 있을 때 할머니께서 나오셨습니다.

할머니는 텔레비전을 켜려다 이렇게 말씀하셨습니다.

"아이고, 우리 손자가 애비 닮았나 보구나. 아침 일찍부터 공부하고. 할미가 공부 방해하면 안 되니 텔레비전은 켜지 않으마."

나는 얼른 텔레비전을 켜드리며 말했습니다.

"괜찮아요, 할머니. 컴퓨터로 공부할 때는 시끄러운 소리도 안 들려요."

텔레비전에서는 할머니가 좋아하시는 「고향은 지금」

이 방송되고 있었습니다.

나는 돌아보며 말했습니다.

"할머니, 이 세상에 돌이 없다면 농부들이 뭐라고 할까요?"

시골에서 농사를 지으셨던 할머니께서는 내가 짐작했던 대답을 하셨습니다.

"뭐라고 하긴, 자갈밭이 아닐 테니 농사짓기 편하다고 하겠지."

나는 짓궂은 표정을 지으며 말씀드렸습니다.

"땡! 틀렸습니다. 농사짓기 편한 것이 아니라 농사를 짓지 못해 큰일 났다고 할 거예요. 세상에 흙이 없는데 어떻게 농사를 지을 수 있겠어요."

"돌로 농사짓는다던, 흙으로 짓지."

나는 할머니를 사랑스럽게 바라보며 말했습니다.

"그것은요, 할머니 안 계셨어도 제가 태어났을 거라고 대답하는 것과 같아요. 할머니가 계시니까 아빠가 세상에 있고, 저도 있는 거잖아요."

"그거야 틀림없는 말이지."

나는 다시 바윗돌 깨뜨려 자갈돌 노래를 부르고서 말했습니다.

"세상에 돌이 없으면, 자갈도 안 생기고 자갈이 없으면 모래도 없고, 모래가 없으면 흙도 없잖아요."

할머니께서 고개를 끄덕이시는 걸 보니 나는 기분이 무척 좋았습니다.

게임만 중독성이 있는 것은 아니었습니다. 스스로 하는 공부도 중독성이 있었습니다. 낮에도 틈틈이 암석에 대한 공부를 했습니다.

"오빠, 하루 종일 혼자 컴퓨터 차지하지 말고, 나도 좀 하자."

동생 상미가 투정을 부렸지만 나는 느긋하게 물었습니다.

"세상에 암석이 없다면 우리가 무엇을 할 수 없는 줄 아니?"

"바위, 그러니까 돌이 없다면? 건물도 못 짓고, 다리도 못 놓지. 돌침대도 발명하지 않았을 테고. 맷돌도 절구도 없고, 벼루도 없어. 시멘트를 못 만드니까 도로 포장도 못하지."

상미는 비석과 석탑은 물론 멋진 조각도 할 수 없다고 덧붙였습니다.

눈에 보이는 돌의 쓰임이나 건축 자재만 대답한 것입니다. 아무리 공부를 잘한다지만 상미는 나보다 두 학년이나 낮다는 증거였습니다. 상미가 더 이상 생각나지 않는다는 듯 대답을 멈추었을 때 나는 말했습니다.

"세상에 암석이 없다면 우리가 연필이나 샤프도 사용할 수 없어. 흑연이 없어 연필심을 못 만드니까. 흑연은 암석에서 캐내는 거야."

"……."

"그뿐이 아니야. 도자기도 못 만들어. 암석이 있어야 점토나 고령토가 생기고 그것들이 도자기 원료가 되잖아. 또 있어. 아름다운 유리구슬, 유리컵 등 유리 제품도 사용할 수 없어. 만들 수가 없으니까!"

상미는 금방 알아듣고 대답했습니다.

"유리를 만드는 원료가 모래 속에 든 규사라는 거 나도 알아. 유리의 원료를 발견한 것은 우연이었다는 것을 읽었거든."

나는 아직 모르는 이야기였습니다.

"그 이야기 해 봐."

"옛날 페니키아 인들이 이집트 호수에서 많이 나는 탄산염(천연 소다) 덩어리를 구해 다른 나라로 팔러 다닐 때였대. 배에 싣고 가던 중 해안가 모래밭에 내려 음식을 해 먹기로 했어. 지금 같으면 라면이라도 끓이려고 불을 피웠겠지. 그런데 냄비를 올려놓을 임시 아궁이를 만들어야 하는데 모래벌판이라 돌멩이를 찾을 수가 없었어. 그래서 탄산염 덩어리를 괴고 냄비를 올려놓은 채 불을 피웠어. 그순간 모래와 소다가 합쳐지더니 투명한 액체가 흘러내렸어. 그 액체가 바로 유리야. 모래 속에 들어 있는 규사라는 광물이 유리의 원료였던 거야."

큰 발명도 우연한 일로 이루어지는 경우가 많다더니

유리도 그런 셈이란 걸 알 수 있었습니다.

"이래저래 모래는 중요한 것이구나. 모래가 없으면 해수욕장에도 못 가잖아."

상미의 말에 나는 이렇게 대답했습니다.

"해수욕장에 갈 수 없는 게 아니라 모래사장이 없으니까 해수욕장이 아예 생기지도 않지."

고개를 끄덕이는 상미를 보며 나는 덧붙였습니다.

"암석들은 모두 색깔도 다르고 알갱이의 모양과 굵기도 달라. 굳기도 다르고. 암석이 만들어지는 과정과 구성하는 성분이 다르기 때문이야. 우리가 태어나는 곳이 다르고, 능력이 다르고, 재능이 각자 다른 것처럼."

자기가 아는 걸 설명하다 보면 완벽하게 알게 된다는 걸 실감할 수 있었습니다. 암석에 대하여 조각조각 알고 있던 것들이 전체로 이어지며 이해되었습니다.

"암석 중에 가장 단단한 것이 비싸."

"왜?"

나는 조금 전에 알게 된 암석의 단단한 정도인 '굳기'

암석 중 가장 단단한 광물인 다이아몬드   암반에 자리 잡은 다이아몬드

에 대하여 동생에게 설명했습니다.

"금강석이 가장 단단해. 다이아몬드 말이야. 광물의 굳기는 10등급으로 나뉘는데, 단단한 정도를 모스굳기계로 나타내. 경도계라고도 하지. 경도는 활석이 1이고 석고는 2로 잡아. 금강석은 10이야. 우리 손톱은 2.5. 그러니까 손톱으로 석고는 긁어지지만 금강석이나 석영은 긁을 수가 없어."

여자이긴 하지만 아직 어린 까닭인지 상미는 이해할 수 없다는 듯 말했습니다.

"그런데, 그까짓 돌멩이인 다이아몬드가 왜 그렇게 비

싸? 아무리 보석이라도 돌멩이잖아. 돌멩이를 몸에 지니고 다니려고 비싼 보석을 사야 한다니 이해가 안 돼."

우리 또래라면 누구나 이해되지 않을 부분이었습니다. 하지만 나는 제법 어른스럽게 말했습니다.

"보석이니까 비싸지. 말 그대로 보배로운 돌이야. 예쁜데 귀하니까 비싸지. 마구 굴러다니는 자갈처럼 많다면 비싸지 않겠지."

상미는 내가 컴퓨터를 계속하자 다른 걸 하겠다며 자기 방으로 갔습니다. 예전 같으면 엄마에게 구원 요청을 해서라도 기어이 컴퓨터를 차지했을 터였습니다. 그러면 엄마는 당연히 공부 잘하는 상미 편을 들 테고요.

순순히 양보하고 가는 동생을 보니, 고마우면서도 한편으로는 미안한 마음이 들었습니다. 그래서 나도 10분만 더 하고 일어섰습니다.

암석의 종류를 알기 쉽게 출력한 나는 상미에게 가서 말했습니다.

"나, 컴퓨터 다 썼어."

"어, 알았어."

상미는 건성으로 대답하며 손수건을 펴놓고 열심히 뭔가를 하고 있었습니다.

"뭐해?"

"수놓으려는데 잘 안 돼."

수를 놓는다면서 색실이나 바늘을 들고 있는 게 아니라 분필을 들고 있는 것이 이상하여 가까이 가 보았습니다.

"뭐한다고?"

"내일 정미 생일이라 선물하려고 손수건 샀어. 수놓으려고 글씨 쓰려는데……."

똑같은 손수건 두 장이 있었습니다.

"여기에, '美&美'라고 쓸 거야. 한자로 '아름다울 미(美)'를 써서 둘이 갖고 다니려고."

상미와 정미는 작년부터 단짝이었는데 둘이 다 이름에 '아름다울 미(美)' 자가 들어가 더 좋아한다더니 같은 손수건을 산 모양이었습니다.

"밑 글씨 써서 수놓으려고? 그런데 왜 분필로 써?"

"그래야 자국이 안 남잖아."

상미는 여전히 분필로 손수건에 글자를 쓰면서 투덜거렸습니다.

"분필은 왜 칠판에는 잘 써지는데 손수건에는 안 써지는 거야?"

"헤헤헤."

나는 좋은 일이 생긴 것처럼 헤헤거리며 말했습니다.

"분필이 칠판에는 잘 써지는데, 헝겊에는 안 써지는 이유를 설명해 주면 너, 나한테 뭐 해 줄 거야?"

"그 이유를 오빠가 안단 말이야?"

"물론이지. 이 오빠가 요즘 좀 유식해졌잖아."

상미는 아무 말 않고 멀뚱멀뚱 쳐다보았습니다.

나를 대하는 예전의 동생이라면 분명 이렇게 말했을 것입니다.

'피이, 오빠가 유식하면 이 세상에 안 유식한 애 한 명도 없겠다.'

그러나 지금은 나한테 어린 동생으로 돌아가 중얼거렸습니다.

"사인펜으로 쓰면 자국이 남고, 번질 수도 있어서 분필로 썼다가 털어 버리려고 하는데 잘 안 돼……."

내가 아는 것이 있어 가르쳐 줄 수 있다는 게 무엇보다 반가웠습니다. 목소리마저 들떴지만 한껏 의젓하게 설명했습니다.

"분필이 칠판에 글씨가 써지는 원리는……. 칠판에 분필을 문질러서 글씨가 써지는 거야. 약한 것, 그러니까 무른 분필이 단단한 칠판에 긁혀 자국을 남기는 걸 이용하여 글씨를 쓰는 거지. 분필을 원하는 방향으로, 즉 글씨 모양대로 움직인 거야. 글자를 모르는 아기들은 아무렇게나 움직이니까 낙서가 되고."

"그런데?"

"헝겊은 칠판보다 약해서 분필이 긁히지 않는데, 무슨 자국이 남겠니."

나는 마침 출력해 놓은 자료를 들고 있던 터라 보여 주며 더 설명했습니다.

"그 원리가, 눈으로 보아 잘 보이지 않는 암석 속에 들어 있는 광물의 성질과 색깔, 단단하기를 알아보는 방법이야. 초벌 구운 도자기판에 광물을 긁어서 나오는 색, 그걸 조흔색(자기를 광물로 긁거나 갈았을 때 생기는 줄 자국의 고유한 빛깔)이라고 해. 칠판에 분필이 긁혀 글씨가 써지는 것도 암석의 단단하기 비교와 같지."

"좋은 색이 아니고, 조흔색! 그렇구나."

고개를 끄덕이는 동생을 보며 나는 흐뭇한 마음으로 일러 주었습니다.

"더 무른 2B연필로 살짝 써서 수놓아 봐. 연필 자국은 쉽게 없어지잖아."

"고마워. 요새 보니까 우리 오빠 돌머리는 아닌 것 같아. 우등생인 상미의 오빠라고 불릴 자격 충분해!"

"나, 단단한 돌머리 맞아. 다이아몬드가 단단하고 빛이 나서 비싼 것처럼 내 머리도 단단한 돌머리라서 갈고 닦으면 빛이 날 거야. 물렁머리보다 돌머리가 좋은 거야. 단단할수록 부서지지 않고 한번 갈고 닦으면 보석이 되는 거니까. 이제부터 너, 물렁머리라고 자랑하지 마. 광물이 들어 있는 암석은 세상에서 가장 쓸모 있는 돌이니까. 철이 들어 있으면 철광석, 금이 들어 있으면 금광석이잖아."

나는 손바닥으로 상미의 정수리를 한번 꾹 눌러 주고 나왔습니다.

돌고 도는 돌

과학 시간이었습니다. 수업이 시작되자마자 선생님께서 엉뚱한 제안을 하셨습니다.

"빙고 게임을 해 보도록 하자."

우리는 함성도 아니고, 그렇다고 싫다는 뜻도 아닌 애매한 소리를 내며 선생님 눈치를 살폈습니다. 수업을 않고 빙고 게임을 한다니 분명 좋기는 한데, 뭔가 함정 같았거든요.

영어 전담 선생님께서 우리들끼리 과일이나 동물 이름을 영어 단어로 써서 하는 빙고 게임을 시킨 적은 있지만 담임 선생님께서 그러시는 것은 처음 있는 일이었습니다.

우리들이 종이를 준비하는 동안 선생님께서 혼잣말을 하셨습니다.

"25빙고로 하나, 16빙고로 하나?"

그러자 반장이 물었습니다.

"뭐로 하실 거예요? 쉬운 것이면 25빙고로 하고, 어려우면 16빙고로 해요."

모두 선생님 입만 쳐다보았습니다.

"뭐를 하긴, 오늘 배울 암석의 종류로 하는 거지. 암석 이름으로 한다."

암석 이름으로 한다는 선생님 말씀에 여기저기서 투덜거렸습니다.

"에이, 그러면 그렇지."

"그건 노는 게 아니라, 공부잖아요."

선생님은 일부러 엄한 목소리로 나무라셨습니다.

"이런 녀석들 좀 봐. 그럼 수업 시간에 게임이나 하면서 놀자는 거야?"

"우리 반은 한 번도 안 놀았어요. 다른 반은 진단 평가 본 날, 오후 수업은 안 했데요."

아이들의 투정을 흘려들으며 나는 생각했습니다.

'암석 이름이 스물다섯 가지가 생각날지 모르겠는걸.'

은지도 나랑 같은 생각을 했는지 선생님께 말했습니다.

"선생님, 16빙고로 해요. 암석 이름을 그렇게 많이 아는 사람 드물 걸요."

"그럴까?"

"더구나 다 배운 것도 아니고 지금 배우는 중이잖아요……."

은지 말에 선생님께서 그렇게 하라고 하셨습니다. 우리는 16빙고 판을 그리고 암석 이름을 써넣었습니다. 여기저기서 더 이상 아는 게 없다며 서로 가르쳐 달라는 소리가 들렸습니다.

이때 정오가 투정 섞인 목소리로 말했습니다.

"에이, 16빙고도 어려워요. 선생님, 9빙고로 해요."

그런데 정오 말에 반박을 한 사람은 뜻밖에도 광석이었습니다.

"야, 치사하게 9빙고가 뭐냐? 뭐 25빙고를 해도 되겠구먼."

정오가 곧 덤볐습니다.

"다섯 개도 제대로 못 쓸 거면서 왜 그래?"

그러자 광석이가 암석 이름을 줄줄 댔습니다.

"대리암, 편마암, 규암, 점판암, 석회암, 반려암, 사암, 규암, 이암……."

정오는 물론 다른 아이들도 놀라 입을 벌렸습니다.

광석이는 의기양양한 얼굴로 말했습니다.

"누가 너처럼 치사하게 겨우 화성암, 퇴적암, 변성암 쓰고 연필만 깨물 줄 아니? 꽃 이름 쓰자니까 가을꽃, 여름꽃 쓰는 것처럼 무식하긴. 화성암이라고 쓸 게 아니라, 화성암의 종류를 써야 그게 진짜 암석 이름인 거야."

사실 누구나 제일 먼저 떠오른 것이 그 세 가지였을 겁니다.

다른 애들은 기가 죽어 대꾸를 못하는데 작지만 차돌처럼 단단한 정오가 너스레를 떨었습니다.

"야, 돌은 돌을 알아본다더니 광석이가 돌 박사네!"

그때 한 방 맞은 광석이를 살려 준 사람은 바로 선생님이었습니다.

"너희들 광석이를 무시하면 안 된다. 광석이 아버지가 수석 전문가이자, 암석 박사시다."

모두 고개를 끄덕이는데 정오가 한 마디 더 했습니다.

"수석 전문가요? 누구든지 일등으로 만드는 사람이라고요? 그런데 아들은 왜 공부를 못하는 걸까요?"

정오의 유머에 모두 웃음을 터뜨리자 광석이도 어이없다는 듯 웃었습니다.

웃던 광석이가 불쑥 질문을 했습니다.

"그런데 선생님, 어떻게 저희 아빠가 수석하시는 거 아셨어요?"

선생님도 너스레를 떨며 대답하셨습니다.

"학교 다닐 때 수석한 사람만 수석 수집가인 줄 알고 있었는데, 이번에 선생님도 새로운 걸 알았다. 인터넷 덕분이지."

모두 선생님 이야기가 재미있어 재촉하는 눈빛으로 쳐다보았습니다.

"수업 준비하면서 사진으로라도 너희들에게 암석을 보여 줄 방법은 없나 하고 인터넷을 검색하다가 우연히 알게 되었다. 수석 전문가가 만든 사이트가 있더구나. 그리고 아들 이름을 왜 '광석'이라고 지었는지도 알게 되었는데……. 알고 보니 그게 우리 반 광석이더구나."

"히히히……. 빛나는 돌이래! 아무리 빛나도 돌은 돌 아닌가?"

모두 웃어 젖히고 광석이가 머리를 벅벅 긁자, 선생님께서 광석이를 치켜세우셨습니다.

"한 가지 일에 그토록 열심히 하시는 아버지를 닮아 광석이도 숨은 능력을 나타낼 때가 올 것이라고 믿는다. 전광석, 이름처럼 빛나는 사람이 되어라!"

"이름처럼 된다면 누구나 이름만 잘 지으면 되겠네."

정오가 중얼거린 말에 이번에는 아무도 웃지 않았습니다. 광석이 아빠가 인터넷 검색에도 나오는 수석 전문가이며, 암석 박사라는 사실이 부러웠던 것입니다. 암석을 배울 동안은 더 부러울 것 같았습니다.

우리들은 빙고를 하고 있었다는 것도 잊은 채 광석이에게 관심을 쏟았습니다.

"너네 집에 돌 많아?"

"그럼. 2층까지 채우고, 지하실까지 가득한걸!"

정오가 넙죽 받았습니다.

"자랑만 하지 말고 나 좀 견학시켜 주라."

그러자 광석이가 자랑스럽게 말했습니다.

"우리 아빠가 짝만 데려오랬어."

광석이를 치사한 녀석으로, 미진이는 부러운 아이로 생각하며 입을 삐죽이는 아이들도 있었습니다.

선생님도 그 얘긴 듣지 않은 것처럼 빙고 게임을 하도록 재촉하셨습니다.

그런데 광석이도 빙고 게임은 일등을 하지 못했습니다. 누구나 아는 암석 이름을 쓴 아이들이 당연히 이길 수밖에 없었습니다. 광석이 혼자만 아는 암석 이름이 많았지만 자기 차례가 돌아오지 않으면 지울 방법이 없었으니까요.

"이번 게임에서만큼은 일등을 하고 싶었는데……."

광석이는 자신 있던 암석 이름 빙고 게임에서 지자 무척 아쉬워했습니다.

게임이 끝나고 선생님께서 수업을 시작하셨습니다.

"이제 암석 이름은 많이 알았을 것이다. 자기가 쓴 것뿐만 아니라 친구들이 쓴 것까지 다 들었을 테니까. 지금부터 여러 가지 암석이 어떻게 만들어지는지 알아보도록 하자. 일단 필기를 하도록!"

우리는 선생님께서 칠판에 적으시는 걸 공책에 옮겨 적었습니다.

나는 예습을 했던 터라 암석 이름을 적은 다음 설명은 주관식 문제를 풀 듯 칠판을 보지 않고 적어 보았습니다.

암석이 만들어지는 방법에 따라

- **화성암** : 땅속 깊은 곳에서 뜨거운 열로 녹아 있는 액체(마그마)가 압력을 받아 갈라진 지각의 틈을 타고 땅 표면을 향해 솟아 올라오는 것이 화산이다. 이때 나온 마그마가 땅속이나 밖에서 식어 굳은 암석을 화성암이고 한다.
- **퇴적암** : 지표면에 있는 암석이 풍화, 침식 작용으로 부서져 다른 곳으로 운반되어 쌓이고 쌓여 굳어진 암석. 퇴적암에는 층리가 보인다.
- **변성암** : 퇴적물이나 암석이 높은 열과 압력으로 성질이 변한 암석.

마그마가 굳어지는 장소에 따라

- **심성암** : 땅속 깊은 곳에서 굳어지는 암석. 대표적인 것이 화강암이다. 땅속은 열이 높으므로 서서히 식는다.
- **화산암** : 용암이나 화산에서 터져나온 물질이 밖에서 식어 굳은 암석. 화산암 가운데 가장 흔한 바위가 현무암으로 표면에 가스가 새어나간 구멍이 자잘하게 많이 나있다.

퇴적암의 종류_퇴적물 알갱이의 크기에 따라

- **역암** : 자갈이 쌓여서 된 암석.
- **사암** : 모래가 쌓여서 굳은 암석.
- **이암** : 진흙이 쌓여 굳은 암석.

● 화강암의 성질

아주 단단하지만 원하는 모양으로 다듬어지므로 건축이나 조각의 재료가 된다. 화강암에서는 석영, 장석, 운모의 세 가지 광물을 볼 수 있다. 화강암이 건축에 많이 쓰이는 이유는 광물에 따라 허옇고 붉은색이나, 흰 바탕에 검은 점들이 흩어져 있어 아름답기 때문이다. 또 원하는 모양으로 조각할 수 있고, 일정한 결이 없어 모든 방향으로 쪼아낼 수 있어서이다.

메모를 하고 있을 때 광석이가 질문했습니다.

"선생님, 물에 뜨는 바위도 있던데, 무슨 암석으로 분류되는 거예요?"

물에 뜨는 돌 이야기는 나도 들은 적이 있는데 종류를 구분하기는 어려웠습니다.

선생님께서 필기를 하시다 말고 돌아서시더니 말씀하셨습니다.

"그게 바로 화산암의 한 종류이다. 밖으로 나온 용암이 갑자기 식으면서 굳을 때 공기가 빠져나가지 못하고 갇혀 기포로 변한 거야. 공기 구멍이 많아서 물에 뜨기 때문에 이런 돌을 '부석'이라고 부른단다."

필기를 다 하신 선생님께서 두툼한 스펀지를 보이며 설명하셨습니다.

"퇴적암에는 층리(퇴적암에서 층을 이루는 입자의 크기, 색, 조성 구조 따위가 달라서 생기는 결)가 있다고 했는데 왜

암석이 만들어지는 과정

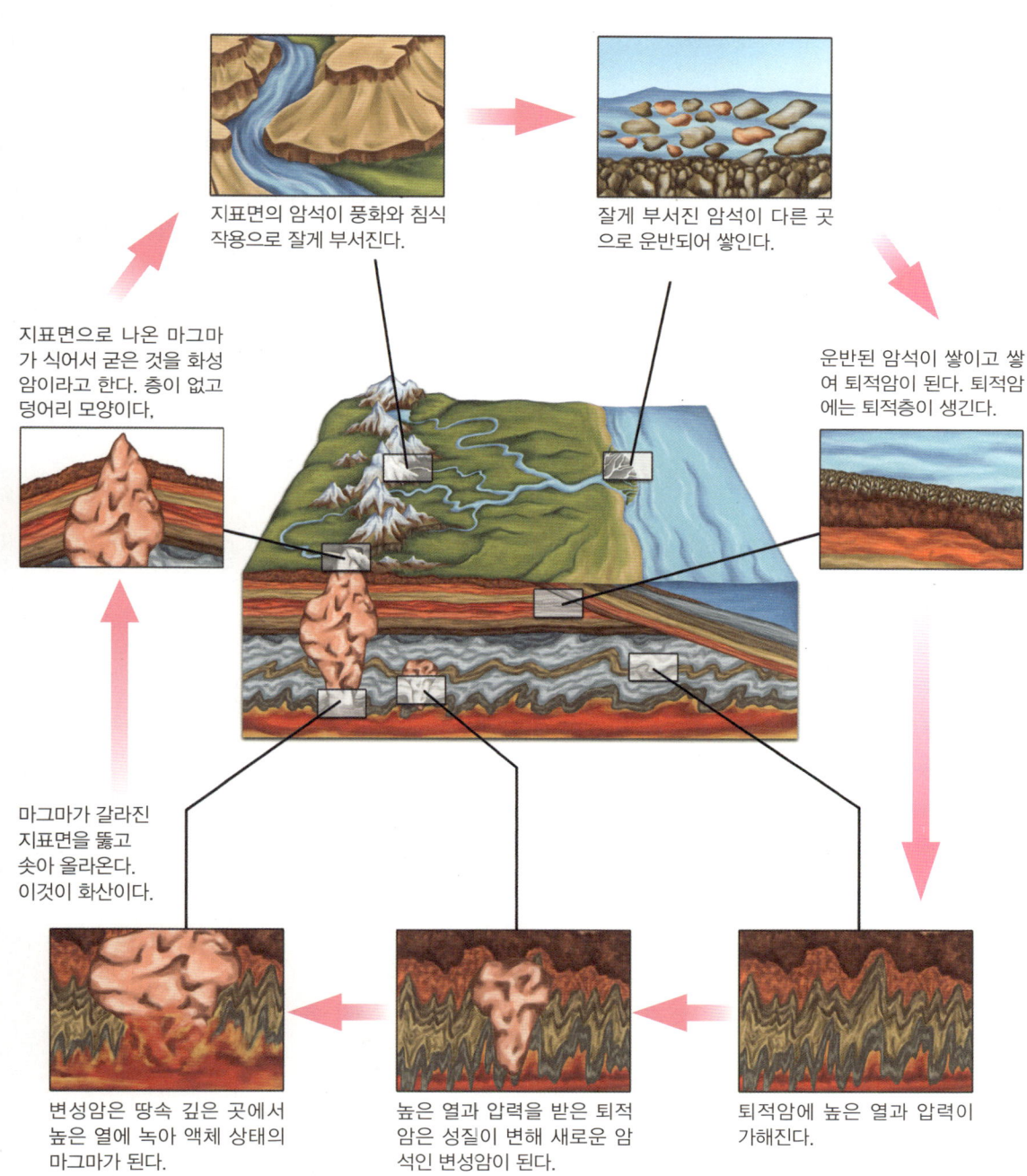

층리가 생기는지 알아보자."

이렇게 말씀하시며 스펀지 중간 중간에 매직으로 점을 찍었습니다. 그런 다음 스펀지를 교탁에 놓고 두꺼운 책을 여러 권 올려놓았습니다. 그러자 정말로 몇 개의 줄무늬가 만들어졌습니다.

"자, 어떠니? 위에서 계속 눌러 납작하게 만들어 보니까 점들이 모여 줄이 생기지? 퇴적물 속에 들어 있는 색깔을 띤 알갱이들이 모여 줄을 이루는 것이라고 할 수 있지. 그래서 퇴적암에는 층리가 있는 거란다. 모두들 이해했지?"

선생님의 설명이 끝나자 나는 궁금했던 것을 질문했습니다.

"선생님, 마그마와 용암이 어떻게 다른 거예요?"

내 질문에 여기저기서 아는 체했습니다.

"영어로 하면 마그마이고, 우리말로는 용암이지."

"지구 속에 녹아 있는 뜨거운 액체니까 같은 거지."

"마그마는 훨씬 뜨겁고, 용암은 밖으로 나왔으니까 덜

뜨거운 것이지."

친구들 역시 내가 알고 있는 정도였습니다. 발표하는 걸 다 듣고 나신 선생님께서 한 마디로 설명하셨습니다.

"마그마(땅속 깊은 곳에서 암석이 높은 열에 녹아 반액체로 된 물질)를 '콜라'라고 하면 용암(화산의 분화구에서 솟구쳐 나온 마그마)은 '김빠진 콜라'라고 할 수 있다. 용암을 영어로 마그마라고 하는 것 아니다."

선생님의 '김빠진 콜라'라는 표현이 너무 적절하여 오히려 질문한 내가 김빠진 느낌이 들었습니다.

이때 광석이가 또 질문을 했습니다.

"선생님, 그럼 암석 중에서 젤 먼저 만들어진 게 화성암이겠네요?"

누구도 생각하지 못한 그런 질문을 하다니, 내가 갑자기 공부에 흥미를 가진 것만큼 놀랄 일이었습니다.

공부를 잘하는 것과 못하는 것은 꼭 정해진 게 아니라는 생각이 들었습니다. 어떤 계기가 되면 누구나 바뀔 수 있는 것이었습니다.

'갑자기 광석이가 암석에 관심을 보이는 것은 자기 아버지 영향이야. 그러니 부모님의 사업을 물려받는 자식이 나오는 것은 자연스런 일이고, 있을 수 있는 일이구나.'

아이들은 광석이의 말이 옳을 거라고 생각하는 듯했습니다. 나는 그렇지 않다는 걸 알고 있었지만 얼른 발표하지 못하고 있었습니다. 그때 은지가 발표했습니다.

"'닭이 먼저냐, 달걀이 먼저냐?'와 같은 거 아니에요? 암석은 돌고 돈다고 봐야 해요. 마그마가 식어 화성암이 되고 화성암이 잘게 부서지면 퇴적암이 되잖아요. 퇴적암은 변성암도 되고, 변성암은 열에 녹으면 다시 마그마가 되고, 변성암이 잘게 부서지면 다시 퇴적암이 되니까요. 이러니 서로 얽히고 얽혀 있다고 여겨져요. 어느 한 가지 암석으로 계속 있는 게 아니라 돌고 돌아요."

"제대로 발표했다. 은지가 발표한 것을 그림으로 나타내 볼 테니까 잘 보렴."

선생님께서는 곧 칠판에 그림을 그리셨습니다. 나도

화성암

암석의 순환
마그마가 식으면 화성암!
화성암이 부서져 쌓이면 퇴적암!
퇴적암이 열과 압력 받으면
변성암! 이 과정을 반복!

변성암

퇴적암

인터넷 검색을 하면서 보았는데, 좀 복잡해 보이면 대충 넘어가는 버릇 때문에 이해하지 못했던 것이었습니다.

선생님께서 그린 그림으로 자세히 설명하고 계실 때 벌써 수업을 마치는 벨소리가 들렸습니다. 전에는 지루하게만 느껴지던 수업 시간이 짧게만 느껴졌습니다.

쉬는 시간에 은지가 흥얼흥얼 「바윗돌 깨뜨려」를 불렀습니다. 그런데 가사를 다르게 부르는 같았습니다.

"네가 가사 바꾼 거야?"

"내가 바꾼 게 아니라, 자료를 찾다 보니까 누가 바꿔 놓은 게 있더라. 자 여기."

은지는 가사를 적은 공책을 보여 주었습니다.

<암석의 순환>

마그마가 굳어서 화성암
쌓이고 굳어서 퇴적암
열 받고 압력 받아 변성암
모든 암석은 순환된다.

"아, 그래서 조금 전에 암석 중에서 젤 먼저 만들어진 게 화성암이냐는 질문에 대답을 잘했구나?"

"응. 다음 가사도 봐. 노래로 불러 알기 쉽게 한 거야."

<화성암>

땅 위에서 만들어지면 화산암
가스 빠져 구멍 뚫린 현무암
땅속에서 만들어진 심성암
광물 입자 커서 좋은 화강암

<퇴적암>

진흙이 굳어서 이암 되고
모래가 쌓여 굳어 사암 되네
자갈 사이 모래 섞여 굳은 역암
탄산칼슘 주성분의 석회암

<변성암>

압력과 열로 인한 변성암
화강암이 압력 받아 편마암
석회암이 열을 받아 대리암
사암이 열 받아 규암 되네

은지와 내가 노래를 불렀더니 영주와 지수까지 가사를 보여 달라 했습니다. 「바윗돌 깨뜨려」 노래는 우리 모둠을 거쳐 교실 전체로 퍼졌습니다.

그렇게 노래로 부르니 암기가 저절로 되었습니다. 그렇지만 아직도 헷갈리는 게 있었습니다. 그래서 은지에게 물었습니다.

"화성암, 화산암, 화강암이 구별하기 어려워. 넌?"

"나도 혼동 돼."

은지가 종이와 연필을 꺼내며 말했습니다.

"암석의 구분을 마인드맵으로 정리해 보자."

은지와 나는 종이 가운데 바위를 그려 넣고 '암석'이라 썼습니다. 다음에는 세 갈래로 굵은 가지를 그렸습니다. 굵은 가지에 각각 화성암, 퇴적암, 변성암을 써 넣었습니다.

"자, 화성암을 생긴 장소에 따라 화산암과 심성암으로 나눠. 땅속 깊은 곳은 심성암, 지표면에는 화산암."

은지가 설명하며 그려 넣었습니다. 나도 심성암에 잔가지를 그리고 화강암과 섬록암을 써넣었습니다. 화산암에서 뻗은 잔가지들에는 현무암, 안산암, 유문암을 적었습니다. 현무암을 적어 넣을 때는 '구멍 숭숭 뚫린 돌하르방은 현무암으로 만들었지!'라고 흥얼거리기도 했습니다.

"어때, 이렇게 마인드맵으로 그려 보니까 화성암, 화산암, 화강암이 확실히 구별되지?"

은지와 나는 나머지 암석도 가지를 뻗어가며 써넣었습니다.

"이거 보기 좋게 다시 그리자. 잘 그려서 교실 뒤 학습판에 붙여 놓으면 좋겠어."

내 말을 들은 은지가 그러자며 중얼거렸습니다.

"광석이네 집에 가 보고 싶은데……. 부탁해 볼까?"

나는 은지가 광석이에게 관심 갖는 게 싫어 나도 모르게 쏘았습니다.

"자존심 상하게 그런 부탁을 어떻게 해? 미진이만 데려간다는데."

"여러 가지 진짜 암석 표본을 볼 수 있다는데 그까짓 자존심이 뭐 어때?"

'공부를 하는 데는 하찮은 것 따지지 않는 은지를 본받아야겠어.'

이렇게 생각 되면서도 나는 괜히 심통이 났습니다. 그렇다고 심통을 부릴 수는 없어 투덕거리며 다음 시간 준비만 했습니다.

그러면서 속으로는 이런 생각을 했습니다.

'돌멩이만 돌고 도는 게 아냐. 암석만 순환하는 게 아냐. 사람과 사람 관계도 돌고 돌아. 혼자만 친구를 차지하려고 하는 것은 좋지 않아. 아빠 말씀처럼 폭이 넓은 사람이 되려면 나도 같이 가고 싶다고 말하는 게 옳아.'

그러면서도 말 할 용기는 나지 않았습니다.

지구의 역사, 화석

광석이는 여전히 급식 실에 가서도 미진이 뒤에 찰싹 붙어 줄을 섰습니다. 자기보다 더 큰 여자아이를 졸졸 따라다니며 좋아하는 모습이 우스꽝스럽다고 놀려도 신경 쓰지 않았습니다. 그런 광석이 뒤에서 식판을 얼른 집어든 은지가 내게 말했습니다.

"오늘 점심은 역단층 짝꿍이랑 먹자. 너도 얼른 내 뒤로 서."

'4학년씩이나 돼가지고 점심까지 짝하고 먹어야 하나. 그것도 여자 짝하고…….'

이런 생각이 들었지만 나는 망설일 시간도 없이 은지 뒤에 섰습니다. 자연스럽게 우리 넷은 같은 탁자에 앉아 둘씩 마주보고 앉았습니다.

밥을 먹으면서 은지는 속셈을 드러냈습니다.

"광석아, 너네 집에 있는 멋진 수석이랑 암석 표본 미진이한테 보여 주고 싶지?"

"?"

광석이와 미진이가 어리둥절한 표정을 지었습니다.

"미진이도 아무나 볼 수 없는 걸 보고 싶지?"

은지는 하려고 마음먹은 말을 계속했습니다.

"그런데 광석아, 미진이처럼 얌전한 애가 너네 집에 혼자 갈 것 같니? 미진이를 꼭 데려 가고 싶은 네 소원을 풀려면 방법을 찾아야지."

그때서야 광석이가 물었습니다.

"방법?"

"미진이 혼자 가려고 하지 않을 테니까 우리에게 함께 가자고 해. 그러면 되잖아. 미진아, 너도 내가 가면 갈

거지?"

미진이가 고개를 끄덕일 틈도 주지 않고 은지는 말했습니다.

"그거 봐, 간다잖아. 그럼, 이번 주 토요일, 모레 어때? 10시에 교문에서 만나자. 상호 너도 시간 지켜!"

"아, 알았어."

얼떨결에 대답하던 광석이가 나를 보며 물었습니다.

"상호 너는 왜 와?"

대답할 말이 없어 머뭇거리는데 역시 은지가 대꾸했습니다.

"바늘 가는 데 당연히 실이 가야지. 내 짝이잖아."

'바늘과 실이라고, 그런데 누가 바늘이란 거야?'

따지고 싶었지만 말하지 않았습니다. 암석들을 실물로 볼 수 있는 기회를 얻었으니 다른 걸 따질 처지가 아니었습니다.

은지가 미진이와 친한 사이처럼 굴며 밥을 먹었습니다. 물론 미진이는 듣는 쪽이었고 은지 혼자 주로 말했습니다. 그런 은지를 훔쳐보며 나는 생각했습니다.

'밥 먹으면서 중요한 이야기를 하여 사업을 성공시킨다는 어른들 같네. 은지는 저렇게 야무지니까 어른이 되면 뭐든 큰일을 해 낼 거야.'

말썽쟁이 광석이에게 다가가고, 공주병이라고 무시했던 미진이에게 손을 내미는 은지 모습이 결코 나빠 보이지 않았습니다.

그렇게 되어 토요일에 가게 된 광석이네 집이었습니다.

"어서 오너라. 광석이 친구들이 공부하러 온다기에 다른 일 다 제쳐 두고 집에 있는 거란다."

우리를 반갑게 맞이한 사람은 광석이 아빠였습니다. 광석이 엄마도 무슨 전문가이신 모양이었습니다. 중요한 프로젝트 때문에 출근해서 아빠가 대신 대접하겠다며 음료와 과일을 주셨습니다.

광석이가 여태껏 아빠나 엄마 자랑을 한 번도 하지 않았다는 게 의아했습니다. 그렇게 잘난 체하던 아이였는데……. 그리고 보니 집에서 보는 광석이는 딴판이었습니다. 단단한 돌처럼 묵직했고 얌전했습니다. 건들건들 말하던 모습은 찾아볼 수 없었습니다. 집에서의 광석이 모습에 우리가 놀라듯 광석이의 학교생활을 부모님이 보신다면 분명 놀라실 것입니다.

광석이네 집에는 정말 많은 수석이 있었습니다. 돌멩이가 그렇게 아름다울 수 있다는 게 눈으로 보면서도 믿어지지 않았습니다. 어떤 힘이 돌멩이를 그토록 아름답게 빚어냈는지 신비스러웠습니다. 그냥 돌이 아니라 모두 보석이었습니다. 암석원이었으며 광물 표본실이었습니다.

이름만 듣고 사진으로만 보았던 암석을 실제로 보니 확실히 이해되었습니다. 광석이 아빠는 암석 전문가답게 아주 자세히 설명해 주셨습니다.

"이건 퇴적암에서 볼 수 있는 화석이란다."

"와!"

암모나이트 화석이었습니다.

"화석이란 잘 알고 있듯이 동물이나 식물이 퇴적물과 떠내려가다 묻혀 굳어진 것이다. 말하자면 지구 추억,

지구의 역사를 볼 수 있는 사진이라고 할 수 있지. 이것은 석회암이다. 조개껍데기 등을 이루는 탄산칼슘이 가라앉아 만들어진 퇴적암의 일종이지."

광석인 이미 알고 있다는 듯 듣고만 있었습니다. 박물관 견학을 갔을 때처럼 은지와 미진이가 메모를 했습니다. 나도 가방에서 수첩을 꺼내서 적었습니다.

층리가 유난히 예쁜 돌도 있었습니다. 이것저것 볼 때마다 감탄을 연발하던 은지가 질문했습니다.

"석탄도 퇴적암이지요?"

"그렇지, 검은 바위라고 할 수 있지. 숲이나, 나무들이 진흙 더미에 섞여 쌓여서 공기가 닿지 않아 천천히 썩어 돌처럼 굳은 것이지. 태우면 열을 내는 아주 유용한 에너지가 바로 석탄이란다. 약 3억 년 전에 생겼으며 고사리 화석이 많이 발견된단다. 종류도 다양해서 토탄, 갈탄, 역청탄, 무연탄이 있는데 무연탄은 연탄의 원료야."

화석은 언젠가 텔레비전에서 본 기억이 어렴풋이나마 떠올라 더 쉬웠습니다.

은지만 질문하는 아이로 비칠까 봐 나도 용기를 내어 입을 열었습니다. 광석이 아빠는 그동안 내가 공부를 못하는 아이인지 잘하는 아이인지 모르신다는 생각에 자신이 생긴 것입니다.

 "화석을 연구하면 지구의 역사는 물론 어느 시대에 어떤 생물이 살았는지도 알 수 있다면서요? 또 화석의 종류를 보면 기후도 알 수 있지요?"

 광석이 아빠는 뭐든 척척 대답해 주셨습니다.

 "그렇지. 화석을 연구하는 학문을 고생물학이라고 한단다. 화석이 만들어진 순서는 지층이 만들어진 순서와 같다는 거 알고 있겠지?"

 은지와 내가 대답하고 미진이는 고개를 끄덕였습니다.

 "화석에는 표준 화석과 시상 화석이 있단다. 공룡처럼 어느 특정한 시대에만 살다가 멸종한 생물의 화석이 있다면 중생대 때 만들어졌다고 할 수 있지. 이처럼 지층의 지질 시대를 알 수 있는 화석이 표준 화석이야. 삼엽충은 고생대, 매머드는 신생대를 알려 주는 표준 화석이

화석이 만들어지는 과정

1. 죽은 동물의 시체가 강이나 바다에 가라앉는다.

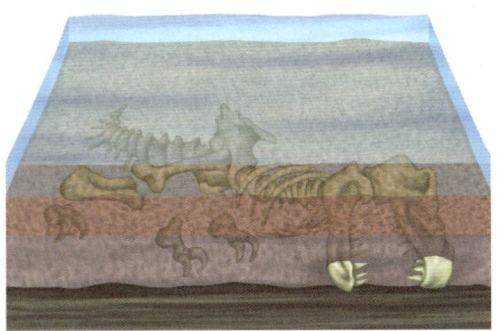

2. 살은 썩어 없어지고 딱딱한 뼈만 남는다. 뼈 사이로 퇴적물이 덮이고 점점 쌓인다.

3. 퇴적물이 쌓여 층을 이룬 암석이 된다. 이 암석층이 동물의 뼈를 누른다.

4. 땅의 움직임으로 바다 속 암석층이 땅 표면으로 나오게 된다.

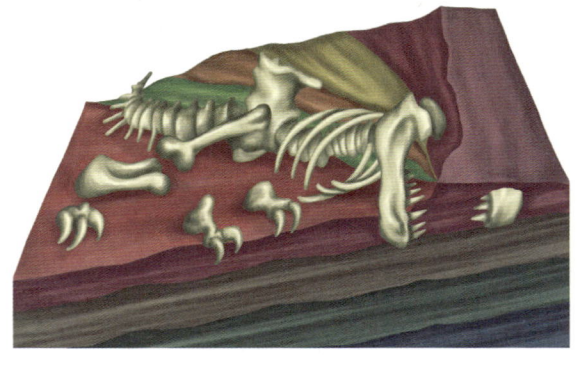

5. 암석이 풍화와 침식 작용으로 서서히 깎여 나가면서 암석 속의 동물 뼈가 드러난다.

란다. 만약에 강원도와 경상도에서 삼엽충 화석이 나왔다면 같은 시대 만들어진 퇴적암이란 걸 알 수 있지. 고생대부터 지금까지 계속하여 번성하고 있는 고사리의 화석이 발견된다면 그곳의 환경이 어떠한지 알 수 있겠지? 이처럼 옛날의 환경을 알아낼 수 있는 화석을 시상 화석이라고 한단다."

표준 화석과 시상 화석에 대한 설명은 그 자리에서 백 프로 이해되지는 않았습니다. 나중에 좀 더 자세히 알아봐야겠다고 생각했습니다.

동굴 모양이 축소된 수석이 있었습니다.

"어머, 이건 동굴이네요!"

은지의 감탄에 광석이 아빠가 또 설명해 주셨습니다.

"이게 석회암이지. 방해석이란 광물이 모여서 굳으면 석회암이 되는데, 석회암은 빗물에 녹는단다. 녹은 자리가 점점 커지면 동굴이 되지."

나는 동굴 탐험을 했던 기억을 떠올리며 말했습니다.

"돌이 고드름처럼 자라고, 바닥에서 죽순처럼 올라오

는 것이 신기했어요."

"석회암이 빗물에 녹는 것은 산에 약하기 때문이야. 조개껍데기에 식초를 떨어뜨리면 거품이 일고 부글거리는 걸 볼 수 있는데, 석회암은 산성을 약하게 띤 자연 상태의 물에도 녹아내리거든. 석회석 녹은 물이 천장에서 내려와 고드름처럼 생긴 것을 종유석, 돌기둥은 석주라고 하지. 네가, 상, 상호라고 했지? 상호가 방금 말한 죽순처럼 올라온 것을 석순이라고 해. 위에서 아래로 떨어지니까 차근차근 솟아 올라 땅속에서 자라 올라오는 것처럼 보이는 거란다."

광석이 아빠는 암석 전문가답게 우리가 모르는 것까지 콕 집어냈습니다.

"너희들, 공부하다 보면 자꾸 혼동하는 게 암석과 광물일 거야."

"정말 그래요."

"네, 맞아요."

은지와 내가 대답했을 때 광석이가 중얼거렸습니다.

"그게 그거 아니에요? 암석이 광물이고, 광물이 암석이지요."

그 말에 광석이 아빠가 조금 나무라듯 말씀하셨습니다.

"똑바로 알아야지. 암석을 이루고 있는 물질이 광물이야. 떡볶이를 암석 이름이라고 한다면 떡이나 고추장, 양배추 등이 광물이지. 떡볶이를 양배추라고 하지는 않지만, 떡볶이 속을 살피면서 '이것은 양배추네.'라고 할 수 있는 것 아니겠니."

우리는 모두 고개를 끄덕이며 웃었습니다. 우리가 좋아하는 떡볶이로 예를 들어주신 것이 재미있어서였습니다.

"암석을 이루고 있는 광물 이름에는 석영, 장석, 운모, 방해석, 휘석, 각섬석, 고령토 등이 있지. 이리 와 보렴."

한 쪽에 있는 유리 케이스 안을 가리키셨는데 거기에는 광물 이름이 적힌 돌멩이들이 따로 들어 있었습니다.

우리는 말로만 듣던 광물을 유심히 살폈습니다.

"석영은 맑고 반짝거리네요!"

석영을 살피며 내가 말하자 광석이 아빠가 또 설명해

화강암을 이루는 세 가지 광물 : 석영·운모·장석

주셨습니다.

"그러니까 석영이나 장석 운모는 암석 이름이 아니라 암석을 이루고 있는 광물 이름이야. 암석은 그것을 이루고 있는 광물에 따라 색깔이 달라진단다. 검정색을 띤 광물이 주로 모인 암석이면 검은색을 띠지. 몇 가지 예외가 있긴 하지만 암석 뒤에는 '암'자를, 광물 뒤에는 '석'자를 붙인단다. 예를 들어 화강암이라고 하지 화강석이라고는 하지 않는단다."

이번에도 벌써 이해를 한 은지가 말했습니다.

"석회암이라고도 하고 석회석이라고도 하는데 그게 예외에 해당하겠네요?"

"그렇지."

그러자 광석이가 조금 못마땅한 투로 말했습니다.

"말하는 사람 마음대로면, 혼란스럽기만 하잖아요."

광석이 아빠가 잠시 생각하신 뒤 대답하셨습니다.

"같은 뜻이지만 표현하는 걸로 보아 보통은 구분이 된단다. 기본 암석의 성격을 표현하고 싶을 때는 석회암이라 하고, 자원으로서의 가치를 나타내고 싶을 때는 석회석이라고 하거든. 어떤 것을 만든 재료를 이야기할 때는 석회암으로 만들었다고 하기보다 석회석으로 만들었다고 하게 되지."

우리는 모두 고개를 끄덕였습니다.

한 귀퉁이에서 접시에 담긴 모래를 발견한 은지가 질문했습니다.

"보통 해수욕장에서 보는 거랑 다른 모래인가 봐요? 색깔이 여러 가지네요……."

"그렇지."

광석이 아빠가 모래를 살살 만지며 설명하셨습니다.

"여기 이것, 붉은빛이 나는 것이 장석이란다. 검거나 흰빛을 띠며 반짝거리는 것은 운모지."

광석이가 눈을 반짝이며 말했습니다.

"아, 「햇볕은 쨍쨍 모래알은 반짝」이란 노래는 모래 속에 든 운모를 말하는 것이네요!"

나는 지난여름 해수욕장에 가서 상미랑 모래성을 쌓

으며 놀았던 일이 생생하게 떠올랐습니다. 그러면서 아빠가 해 주셨던 말 하나가 떠올랐습니다. 물속에서만 놀다가 추워서 햇볕에 나와 모래 장난을 할 때였습니다. 모래가 잘 뭉쳐지지 않는다고 상미가 투정하자 아빠가 하신 말씀이었습니다.

"물을 묻혀야 뭉쳐지지. 엄마가 밀가루 반죽을 하려면 물을 붓는 것처럼 모래도 젖어야 뭉쳐지는 거야."

그때는 모래 속에 든 광물에 대하여 아무것도 몰랐으므로 그저 놀기만 했습니다. 그런데 지금 생각하니 궁금했습니다.

"저, 마른 모래에 물을 부어야 뭉쳐지는 것도 광물의 성질과 관계가 있나요?"

내 질문에 광석이 아빠가 반갑게 말씀하셨습니다.

"누구나 모래성을 쌓고 두꺼비집도 만들며 놀지만 왜 마른 모래는 뭉쳐지지 않는데, 물기가 있으면 뭉쳐지는지 궁금해 한 아이는 많지 않아. 그런데 그걸 질문하는 것 보니, 참 똑똑하구나. 질문이란 아는 게 있어야 할 수 있는 것이거든. 의문을 갖고 연구하는 학생이 많은 걸 보니 우리 지구의 장래가 밝구나, 밝아."

먼저 칭찬을 한 광석이 아빠가 질문에 대답하셨습니다.

"젖은 모래가 뭉쳐지는 것은 광물과의 관계는 아니란 다. 그 이유는 모래에 물이 스며들 수 있는 작은 틈이 있 기 때문이지. 물을 부으면 틈이 메워지고, 물의 표면 장 력이란 성질 때문에 서로 당겨 엉겨 붙는 거란다."

나는 표면 장력이란 말이 이해되지 않았지만 암석과 직접 관계되는 것이 아니라서 시간을 끌지 않으려고 질 문하지 않았습니다. 집에 가서 찾아볼 생각이었습니다. 이제야 공부에 재미를 붙이면 꼬리에 꼬리를 물며 하고 싶은 것이 생긴다는 말이 이해되었습니다. 전에는 숙제 가 없을 때 공부하라고 하면 무엇을 해야 할지 몰라 난감 했습니다. 지금 생각하니 그런 내가 부끄러웠습니다.

생각에 잠겨 있는 사이 화강암 앞에 서 있었습니다. 화강암을 들여다보던 내 입에서는 어느새 또 질문이 나 왔습니다.

"화강암 속에도 반짝이는 것이 들어 있네요?"

"맞아, 관찰력이 뛰어나구나. 화강암은 장석, 운모, 석영으로 된 바위란다. 화강암이 부스러져서 모래가 되고 흙이 되는 것이잖니. 더 약한 장석과 운모가 잘게 부서지면 진흙이 되고, 석영은 단단해서 사암이 된다. 모래에 안경이나 사진기의 렌즈가 긁히는 것도 석영 때문이라고 할 수 있지. 가벼워 멀리 떠내려가 쌓이면 이암, 조금 큰 모래는 사암이 되지. 바다까지 흘러가 쌓이면 모래사장, 모래 언덕이 되는 것 아니겠니."

광석이 아빠는 우리들에게 한 가지라도 더 가르쳐 주려고 하셨습니다. 우리가 질문을 하지 않고 들여다보기만 하면 먼저 물으셨습니다.

"뜨거운 마그마가 땅속이나 땅 위에서 식어 만들어지면 화성암인데, 만들어진 곳에 따라 심성암이나 화산암으로 이름 붙인 것 알지?"

"네, 알아요."

우리는 모두 한 목소리로 자신 있게 대답했습니다. 미

진이 목소리는 여전히 작았지만 우리랑 어울려 대답하는 모습이 신기하여 나는 슬쩍슬쩍 훔쳐보았습니다.

2층과 1층을 다 돌아보고 소파에 앉았을 때 은지가 고마움이 가득 담긴 얼굴로 말했습니다.

"이렇게 많은 암석을 수집하시다니, 정말 감동했어요. 대단하세요."

그런데 광석이 아빠는 느닷없는 말씀을 하셨습니다.

"무엇에 집중하면 기어이 해내는 내 성격을 우리 광석이가 닮았지. 그러니 한번 광석이한테 찍히면 벗어나기 힘들 거다."

"?"

눈치 빠른 은지도 무슨 말인지 몰라 광석이 아빠만 쳐다보았습니다. 그렇지만 나는 광석이 아빠가 그 말씀을 하실 때 미진이를 슬쩍 보신 걸 알았습니다.

"광석이가 한번 마음먹으면 꼭 해내는 아인데, 방법을 몰라 귀찮게 굴더라도 예쁘게 봐 주고 잘들 지내렴."

"알겠습니다."

우리는 자리에서 일어나며 말했습니다.

"책으로만 배웠을 때보다 백 배는 더 많이 알게 되었습니다."

"오늘 정말 감사합니다."

은지와 나, 그리고 미진이가 차례로 인사드리자 광석이 아빠가 말씀하셨습니다.

"오히려 내가 고맙구나. 무엇보다 광석이에게 좋은 기회가 되었거든. 그동안 광석이에게 따로 이런 설명을 해 주지 않았단다. 그런 거 있잖니, 가족끼리는 그냥 넘어가는 거. 너희들 덕분에 우리 아들도 모처럼 공부다운 공부를 한 것 같구나."

머리를 긁적이는 광석이를 보며 은지가 어른스럽게 말했습니다.

"그래도 광석이가 과학을 얼마나 잘하는데요. 집안 분위기가 이렇고, 훌륭한 아버지를 둔 덕이란 걸 오늘 알았어요."

광석이 아빠가 기분 좋게 웃으시며 점심이라도 먹고

가라고 하시는 걸 물리치고 우리는 광석이네 집을 나왔습니다. 엄마도 안 계시는데 너무 폐를 끼치고 싶지 않아서였습니다.

우리들은 광석이에 대하여 새롭게 알게 된 것을 이야기하며 걸었습니다. 참으로 유익한 날이었다는 생각도 같았습니다. 미진이도 스스럼없이 은지 팔짱을 끼며 걸었습니다.

그 모습을 보며 혼자 생각했습니다.

'지구의 역사로 화석이 남아 있는 것처럼 우리들에게도 오늘은 중요한 추억으로 기억될 거야.'

골목을 빠져나왔을 때 은지가 뒤따라 걷고 있는 나를 돌아보며 말했습니다.

"오늘 광석이네 집에서 알게 된 것을 각자 정리해 오는 게 어떨까?"

나도 찬성했습니다.

"좋아. 정리해 보면 더 잘 알게 되고 확실하게 자기 것이 되잖아."

그때 미진이가 제안했습니다.

"우리끼리 정리한 것을 광석이한테도 보여 주자."

"!"

은지와 내가 놀란 토끼처럼 미진이를 쳐다보았습니다. 그런 생각을 한 것도 의외였지만 자기 생각을 말하는 것도 처음 보았기 때문입니다.

미진이가 멋쩍어하는 걸 눈치 챈 은지가 얼른 말했습니다.

"그러자. 우리를 초대해 준 광석이에게 고맙다는 걸 전하는 뜻도 될 거야."

이때 미진이는 우리가 또 한 번 놀랄 말을 했습니다.

"광석이가 만날 귀찮게 굴었어도 진짜 나쁜 애는 아니란 걸 짐작했어."

"그, 그래."

얼버무리며 대답하는 은지를 따라 나도 한 마디 해 주었습니다.

"장난이 심한 것도 미진이 네 관심을 끌려고 그런 건

데, 뭐."

아이들과 헤어진 나는 혼자 걸으며 생각했습니다.

'암석이 갖가지 광물로 이루어졌듯이 우리 머릿속에도 창의적이고 생산적인 기발한 아이디어가 가득 차 있겠지. 그걸 캐내지 못하고 묵혀 두는 것과 캐내는 것은 자신의 몫이야. 좋아, 앞으로 지구에 대해 더 깊이 공부해 보자! 막연히 지구 공부가 아니라, 지질학자가 되어 사람들을 지진 피해로부터 구하는 일을 해 보자!'

이렇게 멋진 생각을 해내다니, 갑자기 나 자신이 무척 대견스러웠습니다. 더구나 아무 꿈이 없던 내가 미래의 꿈까지 찾다니! 왠지 자꾸 입가에 웃음이 새어 나왔습니다. 구름 위를 걷는 것처럼 발걸음도 가벼웠습니다.

우리 집 평화 유지군

5월 첫 일요일이었습니다. 모두 모여 아침을 먹는데 아빠가 말씀하셨습니다.

"내일이 어버이날인데 너희들 선물 준비하고 있지?"

나는 대답 않고 상미를 바라보았습니다.

어차피 매년 하던 식으로 둘이 용돈을 합해 카네이션 세 송이 살 생각밖에 하지 않고 있던 참이었습니다.

상미가 오히려 질문을 했습니다.

"아빠는 할머니께 드릴 선물 뭐 준비하셨어요?"

"엄마랑 아빠는 오늘 할머니 좋아하시는 온천에 갈 생

각이다. 오면서 맛있는 것도 사드리고."

"그럼, 어른들만 가실 거예요?"

상미가 시큰둥하니 물었습니다.

"너희들은 같이 외출하는 거 안 좋아하잖아. 알아서 해. 가고 싶으면 가고."

애들이 어려서는 따라다니려고 하더니만 컸다고 자기들끼리 놀려 한다고 푸념하는 여느 어른들처럼 아빠는 이미 단념한 말투였습니다.

사실 어른들이 맛있다고 하는 음식도 우리랑 달랐습니다. 피자가 아니면 차라리 떡볶이가 낫지, 반찬 가짓수만 많은 한정식이나 설렁탕이 나는 별로였습니다.

그런데 온천이라는 말이 내 생각을 확 바꿨습니다.

"온천에 가면 저도 갈래요."

"어쩐 일이냐?"

"오빠가? 온천을 가겠다고?"

"응, 기꺼이!"

식구들 모두 놀랐습니다. 그도 그럴 것이 그동안 나는

온천 가는 걸 무지 싫어했습니다. 온천뿐 아니라 무슨 사우나 불가마에 간다면 극구 반대했습니다. 놀러갔다 오는 길에 온천에 들르면 식구들이 온천욕을 하는 동안 혼자 차에서 놀기까지 했습니다.

무엇보다 옷을 벗고 들어가는 게 싫었습니다. 할아버지들이나 '그놈 몸 좋구나!' 하시지, 모두 뚱뚱보로 보는 것 같아 싫었으니까요. 그랬던 내가 온천이면 따라가겠다고 하니 놀랄 만도 하지요.

내가 가겠다니까 상미도 혼자 남기 싫은지 따라나섰습니다. 아빠와 엄마는 우리가 함께 따라나서는 게 그리도 좋은지 기분 좋게 외출 준비를 하셨습니다.

아빠와 내가 앞에 탔습니다. 뒤에는 아빠가 좋아하시는 노래 가사 '내 어머니와 내 아내와 내 딸이 함께 사는 곳~'에 나오는 세 여자가 탔습니다.

아빠는 기분이 좋아 콧노래를 부르며 운전했습니다. 내가 선뜻 따라나선 게 무엇보다 기분 좋으신 모양이었습니다.

아빠와 나란히 앉아 이런저런 이야기를 하니 어른이 된 것처럼 기분이 좋았습니다.

"아빠, 우리나라도 지진 위험국이라면서요?"

"응, 최근 들어 경주, 포항, 울산 등지에 큰 지진이 일어났잖니."

"온천이 있는 것만 봐도 지진이 일어날 가능이 있다는 뜻이지요."

듣고만 있던 상미가 눈치챘다는 듯 끼어들었습니다.

"오빠, 온천 공부하려고 온천 간다니까 좋아했구나. 땅속에서 뜨거운 물이 나오는 거 생각하면 정말 신기하지?"

"신기할 것까지야 없지. 땅속 깊은 곳에는 마그마가 있으니까. 화산이 폭발할 때 나온 마그마 속에 들어 있던 가스가 땅속으로 스며들거나, 마그마가 지하수 가까이 흘러 지하수가 데워지면 그게 온천수니까."

나는 이렇게 설명해 주고 다시 여쭈었습니다.

"아빠, 오늘 가는 온천은 철분 온천이에요, 유황 온천

마그마가 지하수 가까이 흘러 지하수를 데워 나오는 것이 온천

이에요?"

"유황 온천."

"오빠, 그건 무슨 뜻이야?"

"온천수에 철분이 많이 섞여 있으면 철분 온천이고, 황 성분이 많으면 유황 온천이라고 해."

나는 아빠께 지진과 암석에 대하여 여러 가지를 여쭈면서 내가 아는 걸 설명해 드리기도 했습니다.

이야기에 간간이 끼어들던 엄마가 말씀하셨습니다.

"요즘 상호가 스스로 찾아가며 깊이 있게 공부하는 걸 보니 엄마 기분이 날아갈 것 같구나. 어머니, 상호가 애비 닮아서 공부를 잘할 모양이에요, 그렇지요?"

"그럼, 틀림없이 잘할 거다. 어미 네가 애들한테 얼마나 잘하는데 지들이 못하겠니."

할머니의 칭찬에 얼굴이 환해지는 엄마 얼굴을 아빠가 거울로 보며 눈을 찡긋했습니다.

그날 온천 여행은 정말 즐거웠습니다. 아빠와 엄마는 물론 할머니와 엄마도 손발이 잘 맞았습니다. 온천을 나와 먹은 숯불구이 돼지고기도 참 맛있었습니다.

돌아오는 길은 차가 많이 막혔지만 모두 때 빼고 광낸 얼굴과 가득 찬 배를 안고 잠이 들었습니다. 나는 아빠가 졸지 않으시도록 계속 이야기를 했습니다.

"넌 안 졸리니? 졸리면 자라."

아빠 말씀에 나는 너스레를 떨었습니다.

"우리 가족을 지킬 기둥이 졸면 안 되죠."

껄껄 웃으시던 아빠가 은근하게 물으셨습니다.

"아들이 요즘 좋아하는 여자 친구가 생겼나? 아까 보니까 살도 좀 빠진 것 같고 멋있어졌더라. 엄마 말 들으니 줄넘기도 매일 한다면서?"

"에이, 아빠도……."

"진짜네. 얼굴 빨개지는 것 좀 봐! 하하하! 좋다. 이번 어버이날 선물은 오늘 받은 걸로 하겠다. 그러니 선물 걱정은 하지 않아도 된다."

나는 아빠의 깊은 뜻이 뭘까 생각하느라 입을 다물고 있는데, 상미가 놀란 목소리로 물었습니다.

"왜요?"

"기분 좋게 가족 나들이를 해 주어서 고맙고, 으르렁거리던 너희 둘 사이가 좋아졌으니, 그보다 더 좋은 선물이 어디 있겠니?"

엄마도 한 말씀 하셨습니다.

"상미야 스스로 야무지게 잘하고 있으니 더 바랄게 없고……. 상호가 걱정이었는데, 요즘 완전히 변해서 엄마 기분이 정말 좋구나. 어머니도 그러시죠?"

할머니도 그렇다고 하시며 앞으로 손을 뻗어 내 머리를 어루만지셨습니다.

그러자 상미가 얼른 말했습니다.

"그래도 카네이션은 달아드릴게요."

"오, 그래 알았다. 하하하, 호호호."

어쩜, 세 분이 동시에 이렇게 대답을 하시고는 큰 소리로 웃으셨습니다.

할머니와 부모님의 웃음을 들으며 나는 생각에 잠겼습니다.

'구경시켜 주시고 맛있는 거 사 주셨으면서 오히려 선물을 받았다고 여기시다니……. 그저 같이 어울리는 것만으로 이렇게 좋아하시는걸…….'

콧잔등이 매웠습니다. 그동안 어디 가자고 하면 따라가지 않으려고 했던 것이 후회되었습니다. 어차피 따라갈 거면서 처음에 안 가겠다고 우겨 분위기 나빠진 상태로 외출했던 적도 여러 번 있었습니다.

우리 집의 평화가 내게 달려 있다고 생각되었습니다.

언젠가 술에 취한 아빠가 나를 껴안고 하시던 말씀이 떠올랐습니다.

'이 아빠는 어려서부터 할머니의 희망이고 기둥이었단다. 그게 좋으면서 부담으로 느껴졌지. 아빠는 우리 상호가 있는 것만으로도 우리 집 평화 유지군이라고 생각한단다. 그러니 부담 갖지 말고 자랑스럽게 살아라.'

나는 아빠 뒤로 손을 뻗어 목과 어깨를 주물러 드렸습니다.

"어이 좋다! 온천수에 담갔을 때보다 우리 아들 안마가 더 시원한걸! 하하하!"

아빠는 유난히 큰 소리로 말하며 웃었습니다.

아빠의 웃음과 함께 막혔던 길도 뻥 뚫려 시원하게 달릴 수 있었습니다.